Karin Steinberger
Shiva und die falschen Babas
Indische Identitäten

Karin Steinberger

Shiva und die falschen Babas
Indische Identitäten

Picus Reportagen

Picus Verlag Wien

Grafische Gestaltung: Dorothea Löcker, Wien
Umschlagabbildung: © gettyimages/Andrea Pistolesi
Druck und Verarbeitung:
Druckerei Theiss GmbH, St. Stefan im Lavanttal
ISBN 978-3-85452-936-1

Informationen über das aktuelle Programm
des Picus Verlags und Veranstaltungen unter
www.picus.at

Inhalt

Vorwort

Der erste Inder, den ich in Indien sprach, war ein Sikh. Er war groß und stattlich, und sein Turban sah aus wie das, was ich mir von diesem Land versprochen hatte. Er war unglaublich fröhlich, als ich ihn traf. Sein Name war Karma Dhaashandanda. Er saß auf dem Dach eines zerstörten Hauses im Bundesstaat Orissa und schob sich in flirrender Hitze schnell ein wenig Essen in den Mund. Dann fuhr er mit mir Richtung Meer. Ein paar Wochen davor hatte ein Zyklon hier mehr als dreißigtausend Menschen getötet, achtzehntausend Dörfer waren zerstört, elf Millionen Menschen obdachlos. Das Land war ein Schlachtfeld. Bäume, Häuser, Felder, nichts war mehr da, der Rest war überzogen von einem Grauschleier. Es stank nach Tod. Auch Karma stank nach Tod. Deswegen war er hier. Er war gekommen, um die Leichen und Kadaver einzusammeln. Menschen, Kühe, mit den Händen zog er sie aus brackigem Wasser. Seit Wochen machte er das schon, er sammelte sie, schüttete Kalk über sie, verbrannte sie. Es war eine grauenhafte Arbeit. Karma sah die Dinge anders. Er befreite die Überlebenden. Deswegen war er glücklich.

Verrücktes Indien, dachte ich. Und verliebte mich sofort in dieses Land. In diese Menschen. In diesen Irrsinn. Kann es einen schöneren Ort geben als den, wo Männer sich ihren Pony hennarot färben und Frauen sich in meterlangen Stoff hüllen, um auf matschigen Feldern zu arbeiten? Anderererseits: Kann es einen traurigeren Ort geben als den, wo Mädchen millionenfach fehlen, weil sie getötet und abgetrieben werden? Weil sie unbezahlbar sind? Verrücktes Indien: Ich habe gesehen, wie sie gigantische Tanker in Einzelteile zerlegten, wie sie in Callcentern zu kleinen Amerikanern mutierten und ihre Kinder verschacherten wie Einlegware. Ich saß in ihren staubigen Beamtenstuben, Tag um Tag, sah ihnen beim Leben zu, hörte ihre Geschichten. Oft traurig, oft voller Freude.

Die Kiste der Offenbarungen

Bauern auf dem Sprung in den Cyberspace

Es war ein Montag im Dezember 2004, als fremde Männer die Zukunft bei Kasturi Devi ins Zimmer stellten. Eine Kiste nach der anderen. Die Alte saß da, sah zu, ließ sich Tee bringen, nickte ein, wachte wieder auf. Irgendwann fragte sie den Sohn, ob es in der Zukunft auch noch Platz für Menschen gäbe, kicherte und rückte noch ein Stück zur Seite.

Kasturi Devi ist schon lange auf der Welt. So lange, dass sie miterlebt hat, wie die Briten das Land verließen, wie erst Mahatma, dann Indira und später Rajiv Gandhi ermordet wurden. Aber niemals waren so viele Autos in Nagla Shera gewesen, nie so viele Fremde, so viele Kisten. Die kleinen Bauernhäuser vibrierten sanft, als die Wagenkolonne wieder wegfuhr und ein Dorf zurückließ, in dem nur noch das Vieh normal war. Die Menschen waren verwirrt, starrten die Dinge an, die man in Kasturi Devis Haus getragen hatte: die gigantische Schüssel, die sie auf ihr Dach gestellt hatten, das bläulich schimmernde Gerät, für das der Sohn noch einen Tisch besorgt hatte.

Es war ein großer Tag – aber das wussten sie damals noch nicht.

Selbst ihr Sohn Shivram Singh fing an zu zweifeln, als das neue Gerät auch noch zu surren begann wie eine schwarze Hummel, als es aufblitzte wie ein Monsungewitter. Ausgerechnet er, der die Sache ins Rollen gebracht und sich bereit erklärt hatte, einen

Internet-Kiosk mitten auf dem Land zu eröffnen. Der Bauer Shivram Singh, der noch nie einen Computer gesehen hatte. Ein paar Monate davor waren Angestellte der Zigarettenfirma und Hotelkette ITC in sein Haus gekommen und hatten von »eChoupal« erzählt, einer Initiative der Firma, die versuche, die Landbevölkerung Indiens an der Computerrevolution teilhaben zu lassen. Sechshundertfünfzig Millionen Menschen, meist Analphabeten. Man werde ihm alles hinstellen, ihn schulen, ihm beistehen.

Es klang nicht viel komplizierter als das Ernten von Senfkörnern.

Dann war er da, der Computer, und leuchtete nachts neben dem mageren Körper seiner Mutter Kasturi Devi. Ein Hightech-Gebilde, gespeist aus Solarzellen über ihren Köpfen, mit der Welt verbunden über eine Satellitenschüssel, die neben der nassen Wäsche auf dem Dach stand. Die Mutter hatte damit kein Problem, solange kein Dreck an die Wäsche kam. Man hatte ihr schon öfter neue Geräte ins Haus getragen. Vier Jahre davor brachte jemand das Licht, ein Jahr später den Fernseher. Mit jedem neuen Ding wurde das Leben einfacher. Es gab also keinen Grund zur Aufregung.

Das Dorf war weniger gelassen. Shivram Singh sei verrückt geworden, sagten die Nachbarn. Was soll man auch denken von einem Mann, der erzählt, dass eine Maschine Kühe zu einem besseren Preis verkaufen könne als sie selbst und ihre kranken Kinder heile, ohne dass sie zum Doktor fahren müssten. Eine Maschine. Die Männer schlugen auf die knochigen Schenkel ihrer Ochsen und bedauerten, dass ausgerechnet der Vernünftigste im Dorf verrückt geworden war. Shivram Singh. Es war eine Überraschung.

So war das, als die Zukunft am 20. Dezember 2004 in das indische Dorf Nagla Shera kam. Die alte Frau war neugierig, und die Männer bockten.

Der Computer, sagten die Männer, sei ein Gerät der Fremden. Wie oft hatte man ihnen schon Dinge aufgeschwatzt, die sie nicht verstanden. Wie oft hatte man sie betrogen, die Bauern von Nagla Shera. Man verkaufte ihnen Samen, der teuer war, aber schlecht aufging, gab ihnen nutzlosen Dünger, den sie verwendeten, weil die Händler keinen anderen anboten. Wenn sie ihre Ernte auf den Markt brachten, betrog man sie schon beim Wiegen, dann noch einmal beim Bezahlen, die Händler verlangten Abladegebühren und Bargeldgebühren und sagten ihnen, das Geld bekämen sie morgen. Aber oft gab es kein Morgen. In schlechten Jahren raubte ihnen die Dürre den Rest.

Und jetzt der Computer, Gerät des Verderbens: Bhim Singh zum Beispiel glaubte, dass man sich mit ihm die pakistanischen Terroristen ins Dorf hole, oder die British East India Company. Nichts Gutes auf jeden Fall.

Mehr als ein Jahr ist das her. Jetzt sitzt Bhim Singh neben Kasturi Devi und redet über den Computer wie über eine Geliebte. Jeden Tag, bevor er aufs Feld geht, kommt er vorbei, schaut sich mit Shivram Singh den Marktwert von Reis an, oder Senfkörnern, oder Ochsen, je nachdem. Der Service ist kostenlos, so verlangt es ITC. Dafür vertreibt die Firma im Dorf eigene Produkte. Die Menschen haben nichts dagegen, weil vieles billiger ist als früher. Bhim Singh, Bauer aus dem Dorf Nagla Shera, ist seitdem auf dem neuesten Stand. »Ich habe so etwas noch nie gesehen, ich verstehe es nicht. Ich weiß nur, dass es meine Fragen beantwortet. Und ich weiß, dass es keine falschen Antworten gibt«, sagt er und starrt das Gerät an, die Wunderwaffe.

Alles hat sich in Nagla Shera verändert, seitdem der Computer da ist. Die Bauern wissen jetzt, was sie schon immer vermuteten. Dass sie betrogen wurden von den Händlern in der Stadt, von den Mandi Wallahs, den Verbrechern. »Agri-Information« heißt die Sektion, in der sie bei »eChoupal« die Fragen der Bauern bearbeiten und per E-Mail beantworten. Jetzt wissen sie in Nagla Shera, dass weniger Samen auf den Feldern oft mehr Ertrag bringt, dass die Abladegebühr illegal ist und es viel mehr Düngerfirmen gibt, als sie zu träumen wagten. Bhim Singh sagt: »Wir wussten immer, dass wir belogen werden, aber was hätten wir tun können? Sie haben unsere Eltern betrogen und unsere Großeltern. Aber jetzt sind es die Betrüger, die weinen.«

Neben ihm hockt Kasturi Devi, schüttelt den Kopf, sagt: »Wir wissen jetzt alles.« Fünfundsiebzig Jahre ist sie alt, sie hat nur einmal ihr Dorf verlassen, als sie mit vierzehn Jahren aus dem Nachbarort hierher verheiratet wurde, hat, wie alle Frauen in dieser Gegend nördlich von Agra, ihr Leben hinter dem Schleier verbracht, hat sich untergeordnet, hat nie einem Mann in die Augen gesehen, nie auf der Straße ihren Blick gehoben, nie eine Schule besucht.

Seitdem der Computer zu ihr kam, ist sie ihm nicht mehr von der Seite gewichen. Immer sitzt sie bei ihm, hört ihn gurren und Krach machen, sieht, wie er Gesichter annimmt, wenn ihr Sohn Fotos einspeist, und wie er Zahlenfelder aufbaut, wenn ihr Sohn ihm Fragen stellt. Sie mag den Computer. Auch, weil er die Männer stolz macht.

Wenn die Bauern aus Nagla Shera heute auf den Markplatz in Mathura kommen, der Stadt, wo sie ihre Ware verkaufen, fragen die Händler, warum sie nicht mehr zu ihnen kommen. Dann sagt Bhim Singh, er habe sich die Preise am Morgen im Computer angesehen und bei der Konkurrenz verkauft. Dann staunen die Händler. Bablu zum Beispiel, Bablu Agarwal. Jung ist er, er fährt sich gerne mit dem Kamm durchs Haar, wenn er mit den Bauern spricht. Wenn es für die Menschen von Nagla Shera einen Namen für das Böse gibt, dann ist es seiner.

Solange sie denken können, hat Bablus Familie sie behandelt wie Dreck. Großvater, Vater und Sohn haben sie mit ihrer Ware fünfzehn Tage lang hier am Marktplatz warten lassen, weit weg von ihrem Dorf, sie haben sie so offen betrogen, als seien sie zu dumm, es zu sehen, sie haben ihnen erst Tage später ihr Geld gegeben, obwohl sie wussten, dass es eine ewige Fahrt ist vom Dorf in die Stadt. Wochen, in denen sie sich vorkamen wie Hunde.

Heute dauert es vier Stunden, bis sie ihre Ware verkauft haben. Keine Wartezeit, keine Betrügereien – und Respekt. »Wir sind glücklich«, sagt Bhim Singh. Manchmal geht er an Bablu vorbei, einfach so, um ihn zu ignorieren. Der Bauer den Händler. Es ist großartig.

Sie können in Nagla Shera manchmal gar nicht mehr glauben, wie es war, das Leben ohne Computer, ohne Wissen. Sie stellen der Maschine fast täglich eine neue Frage. Wie man das Gras bekämpfen kann, das zwischen ihren Reispflänzchen wächst, oder die Insekten, die sich an ihr Gemüse machen. Shivram Singh schiebt sich seinen Stuhl zurecht, tippt die Frage ein, liest sie noch einmal vor, schickt sie los. Dann warten sie, manchmal ein paar Stunden, manchmal Tage. Die Maschine hat immer geantwortet.

Shivram Singh weiß mittlerweile auch, wie man nach dem Wetter von morgen fragt und nach den Nachrichten von heute. Vom Erdbeben in Pakistan wusste er vor den Fernsehnachrichten. Und er hat gehört, dass es bald einen Arzt geben soll, der am Computer behandeln kann. »Nichts ist mehr unmöglich«, sagt Kasturi Devi, und wichtig sei nur, dass der Maschinen-Arzt besser ist als der im Nachbardorf. Dann tatscht sie mit ihren Fingern auf die Tischkante. Nie würde sie ihn berühren, den Computer, das göttliche Ding. Nie darf ihm etwas zustoßen. Denn solange der Wind ihnen nicht die Satellitenschüssel und die Solarzellen verdreht, sind sie verbunden mit der Welt da draußen, die früher so undenkbar weit weg war. Und solange sie verbunden sind mit der Welt, kann ihnen nichts passieren.

So sehen sie das auch in Delhi und Bangalore, in Hyderabad und Madras, in den Zentren der Computertechnologie, den IT-Metropolen des Landes. Indien, die Hightech-Supermacht, in der es bald hundert Millionen Internetnutzer geben soll. Experten haben schon lange erkannt, dass man die Landbevölkerung nicht ausschließen darf. Immer mehr Projekte beschäftigen sich damit, Computer unters Volk zu bringen. Ideen gab es schon viele, das Indian Institute of Technology (IIT) in Kanpur konstruierte eine Rikscha, auf der ein mobiles Hightech-Studio für Bauern installiert wurde, das IIT Madras schickte Computerfachleute aufs Land, um Net-Kioske aufzubauen.

Aber es ist nicht immer so einfach wie in Nagla Shera.

Satyaprakash Azad jedenfalls ist am Ende seiner Kräfte. Er sitzt an der staubigen Hauptstraße in Bhuta, mehr als hundert Kilometer nordöstlich von Nagla Shera. Fünfundfünfzig Jahre ist er alt, einarmig, ein Kämpfer. Genau der Richtige für dieses Dorf, das größte im Bezirk. »Und das Rückständigste«, sagt Satyaprakash Azad. Die Bauern hier seien wie vernagelt. An manchen Tagen ist es, als würde er gegen eine Wand reden. Er kämpft mit Mensch und Materie, Azad, Besitzer des ersten Computers in Bhuta. An guten Tagen hat er vier Stunden Strom. An schlechten keinen. Dann schmeißt er den Generator an. Einen Liter Diesel für eine Stunde Zukunft.

Gerade ist er wieder dabei, Dorfbewohner zu überzeugen von dieser Maschine, die er selber noch nicht ganz durchschaut. Zwei Wochen hat man ihn geschult, er kommt zurecht. Aber unterrichten tut ein junger Lehrer, den er eingestellt hat. Gerade hocken wieder ein paar Männer vor seinem Laden, Satyaprakash Azad redet über Cyberage und Gateway-Programme. Die Götter mögen wissen, was das genau ist. Er mag diesen Teil des Vortrags trotzdem. Weil er hier ein wenig ausschweifen kann, weil das Gate doch ein Tor ist, ein Tor in die neue Welt. Für nur tausendzweihundert Rupien.

»Ich kann euch Informationen besorgen über die Krankheiten eures Zuckerrohrs oder die Krankheiten eurer Frauen.« Die Männer nicken. »Ich kann euch den Führerschein besorgen, ohne dass ihr in die Stadt fahren müsst.« Ungläubiges Grummeln. »Bei mir könnt ihr den besten Herzdoktor befragen, ohne nach Bombay zu fahren.« Die Männer raunen. »Das kleinste Insekt könnt ihr hier bekämpfen und eure Kühe verkaufen.« Unruhe. »Fragt mich, was ihr wollt, aus der Maschine wird die Antwort kommen.«

Satyaprakash Azad hat so stark an die Maschine geglaubt, dass er Schulden gemacht hat. Denn bei der Organisation »Drishtee« muss man investieren, bevor man Computer, Drucker und Digitalkamera bekommt. Und auch der Kunde muss zahlen, für den Englischkurs, den Computerkurs, den Digitalfotoservice, die astrologischen Auskünfte, die Informationen über Samen und Dünger, die Versicherungspolicen. Das Gesamtpaket samt Cyber Edge Education Diplom kostet tausendzweihundert Rupien, zweiundzwanzig Euro.

Satyaprakash Azad bleibt in seinen Vorträgen meist bei den Versicherungen hängen. Einer der Zuhörer weiß, warum. Er hat seinen linken Arm in einer Nacht vor dreißig Jahren in den Fängen einer Zuckerrohrmaschine verloren. Wenn er damals eine Versicherung gehabt hätte, wäre wohl alles anders gekommen. Aber die anderen? Wozu brauchen wir das, fragen sie. Jetzt Geld geben und später vielleicht etwas bekommen. Es klingt nach einem schlechten Geschäft. Azad streckt den Bauern dann immer seinen Armstumpf entgegen. Manchmal hilft es.

Viele hier verstehen nicht, was es ihnen bringen soll, dieses Tor in die neue Welt. Nur von den Fotos sind sie begeistert. Weil die gleich rauskommen aus den Apparaten. Eine Minute, wenn der Drucker nicht streikt. Ja, die Kunden. Jeden Tag umwirbt Azad sie. Er stellt ihnen Kekse hin und Tee, rückt Stühle an den Rand der Straße und bricht mit seiner übrig gebliebenen rechten Hand Früchte auf, die er ihnen reicht. Aber der Kunde will nicht.

Satyaprakash Azad sagt: »Rückständig sind sie. Sie sind einfach noch nicht so weit, glauben nicht an das Neue. Es sind Bauern. Sie hatten eine Dürre im letzten Jahr, sie kümmern sich erst um das Essen für die Familien.«

Es sind die jungen Menschen, die zu ihm kommen, meist Mädchen, die mit tief ins Gesicht gezogenem Schleier in seinem kleinen Laden stehen. Sie kichern, wenn sie den Computer das erste Mal sehen. Die, die schon länger dabei sind, stehen da wie kleine Lehrerinnen, helfen Azad, wenn er mal nicht weiter weiß. Für sie gibt es keine andere Chance, ihre Eltern verhandeln wahrscheinlich schon mit den Eltern ihrer zukünftigen Männer über den Preis der Mitgift. Nur Wissen kann sie vor dem totalen Ausgeliefertsein retten. Das wissen sie, das weiß Azad, nur manche Eltern nicht.

Brijesh Kumar weint seit Tagen schon. Der Vater hat ihr den Computerkurs verboten. Also geht Satyaprakash Azad die Straße entlang, zum Haus des Kindes, redet auf die Mutter ein, die immer lauter wird und sagt: »Sie muss verheiratet werden, was sollen wir da noch in sie investieren.« Die Tochter steht da, und Satyaprakash Azad fuchtelt mit seinem Armstumpf herum in diesem Hinterhof, bevölkert von Affen. Aber es hat keinen Sinn, das Kind dürfe nicht in das Haus eines Fremden, so hat es der Vater bestimmt und der Bruder. Ende.

Satyaprakash Azad geht zum Laden zurück, setzt sich vor den Computer, bei dem seit gestern das Laufwerk klemmt. Fünfzehn Studenten hat er, einen Generator und einen Haufen Schulden. Aber er ist zuversichtlich. In einem Jahr rechnet er mit Verdiensten. »Ich bin froh, dass ich das noch erleben darf, in meinem Alter«, sagt er und ignoriert

Stromausfall und Laufwerkproblem. Draußen fährt ein Traktor vorbei und haut ihm eine Wolke Staub in den Laden. Es ist nicht leicht mit der Zukunft im Dorf Bhuta.

Nie wird Azad diese Sturheit begreifen. Ausgerechnet in Indien, in diesem Land, in dem im Jahr 2005 die Internet-Reichweite um vierundfünfzig Prozent zugenommen hat. Es gab schon eine indischstämmige Astronautin im All und eine Frau als Premierministerin. Und diese Mädchen dürfen nicht mal aus dem Haus.

Dann geht er heim, gleich nebenan, dort steht die Schwiegertochter tief verschleiert. Ein schwarzer Schatten.

Anstehen für ein paar Tropfen Unsterblichkeit

Siebzig Millionen Hindu-Pilger auf ihrem beschwerlichen Weg zum heiligen Fluss

Irgendwann fing auch Suresh an, sich über die Zahl dreißig Millionen Gedanken zu machen. Und das nicht zuletzt deswegen, weil seine Geschäfte nach einer wochenlangen Hochphase abrupt stillstanden. »Walking human being problem«, sagte er, zündete sich eine Zigarette an und starrte auf jene nicht enden wollende Menschenkette, die sich an seinem Auto vorbeidrängelte. Er spürte sofort, dass es kein gutes Zeichen für einen Taxifahrer war, von alten Frauen zu Fuß überholt zu werden.

Nun ist es keinesfalls so, dass Suresh nicht vorgewarnt war. Seit Wochen schon kursierte jene Zahl durch die indischen Medien. Seit Monaten hatten sich Tausende von Polizisten und Sondereinheiten, Beamten und Pilgern mit einer Mischung aus Euphorie, Stolz und Ehrfurcht vorbereitet auf den Tag, an dem bis zu dreißig Millionen Menschen in die nordindische Kleinstadt Allahabad kommen sollten, um an diesem 24. Januar 2001 einzutauchen in die heiligen Wasser am Sangam, dem Zusammenfluss des Ganges, des Jamuna und des mythischen Flusses Saraswati. Und so waren Millionen Hindus auf dem Weg zu jener Stelle, an der nach ihrem Glauben der Herr des Himmels, der Sohn Indras, bei seinem Kampf mit den Dämonen um eine Urne voller Nektar der Unsterblichkeit, einen Tropfen des Saftes verlor: Allahabad. Doch dreißig Millionen, das klang bis zu diesem Tag eher wie der Slogan einer abwegigen Werbekampagne. Aber als sich die Zahl jetzt verleiblichte, Schweiß ausströmte und summte wie ein gigantischer Bienenschwarm, wurde sie zur Bedrohung.

An diesem Dienstag hatte sich die Anzahl der Menschen in den Zeltstädten der »Maha Kumbh Mela« fast stündlich verdoppelt. Und auf den Straßen schien es, als gebe es auf Erden nur noch ein Ziel: Allahabad. Stundenlang stauten sich Lastwagen, die mit Pilgern vollgestopft waren, Traktoren, auf denen ganze Dorfgemeinschaften saßen und Züge, aus deren Türen und Dächern Menschen herausquollen wie aus einer aufgeplatzen Matratze. Dreizehn Kilometer vor der Stadt war schließlich kein Platz mehr für Transportmittel. Die Massen mussten zu Fuß weiter. Sie trugen Decken und Brennholz, um die eisigen Winde der Nacht zu überstehen. Sie schleppten Kochtöpfe und Lebensmittel mit sich, um am nächsten Morgen vor dem Abmarsch noch ein wenig Kraft zu tanken. Und sie hatten Tüten voller Kleider dabei, um nach dem Bad im Ganges nicht zu erfrieren.

Was für Suresh das Ende aller Geschäfte bedeutete, war der Anfang einer gigantischen Völkerwanderung. Es war, als starrte man ins Innere eines Ameisenhaufens: Aus allen Himmelsrichtungen strömten Menschen Richtung Prayang, dem heutigen Allahabad, und vereinten sich zu einer einzigen wogenden Masse aus Körpern, die geheimen Weisungen zu folgen schien. Von überall her kamen sie. Hunderte endloser Fußgängerschlangen, die in immer breiteren Strömen zusammenflossen, sich vor Hindernissen lautlos teilten, um sich dahinter wieder zu vereinen – zur »Maha Kumbh Mela«, der größten Ansammlung von Menschen, die es jemals auf Erden gab.

Wer nach stundenlangem Fußmarsch vordrang in die Zeltstädte, die sich über fünfzig Quadratkilometer an den Ufern des Jamuna und des Ganges ausbreiteten, traf auf Zehntausende von Menschen, die auf allen verfügbaren noch freien Plätzen lagen wie hingeworfener Abfall. In dicke Decken eingehüllt saßen und schliefen sie und wärmten sich an verglimmenden Feuerstellen. Bereits jetzt, um drei Uhr morgens, war es unmöglich, wirklich zu bestimmen, wohin einen die Massen treiben würden. »Mach heute keine Pläne, die Kumbh treibt dich ohnehin dorthin, wo sie will, nicht wohin du willst«, sagte eine Frau.

Doch letztlich strebte leise schiebend ohnehin alles zum Sangam, einem der heiligsten Plätze des Hinduismus, zu jener Sandbank direkt am Zusammenfluss von Ganges und Jamuna, an der sich das von Chemikalien verseuchte Wasser an diesem 24. Januar für Hindus in puren Nektar verwandelt hatte, in den Nektar der Unsterblichkeit. Ein Bad am Sangam an diesem Tag wäscht tausendmal mehr Sünden weg als an allen anderen Tagen und an allen anderen Plätzen, und der Lohn, den man dafür erhält, ist ein kürzerer Weg zur Erlösung im Rad endloser Wiedergeburten – eine Abkürzung ins *Nirwana*.

Trotz der Kälte kamen einem in der Dunkelheit schon Menschenströme entgegen, die das reinigende Bad hinter sich hatten, die fünfmal eingetaucht waren in das eiskalte Wasser. Ehepaare, die Frauen mit klatschnassen *Saris*, die Männer in Unterhosen, hielten sich zitternd an den Händen, um sich nicht zu verlieren. Die Angst, auseinandergerissen zu werden, war allgegenwärtig.

Eine Gruppe wankte durch die Menge: dreißig Frauen und Männer umgeben von einem Seil, das sie zusammenhalten sollte. Wie eine Kuhherde, unberechenbar und unsicher, stolperten sie Richtung Fluss. Mütter klammerten sich an die Schals, Rucksäcke oder Hände ihrer Söhne. Lange Ketten von Frauen, die sich gegenseitig am *Sari* festhielten, kreuzten quer zum Strom, der unablässig, fortwährend und fordernd Richtung Fluss drängte. Kreischen, Schreien, Befehlsgebell von den allgegenwärtigen Polizisten und Wärtern, die mit Stöcken versuchten, die Massen zu lenken und jene, die zu langsam waren für den Strom der Nachdrängenden, brutal anzutreiben. Doch das war erst der Beginn von einem Chaos, das nach westlichen Maßstäben eigentlich nicht zu organisieren war. Junge Männer drängten sich brutal durch die Massen Richtung Fluss, dessen Ufer schon um diese Uhrzeit vor lauter Menschen nicht mehr zu erkennen war.

Und dann, noch in der Dunkelheit, begann das Spektakel, das Bad der *Akharas*, *Sadhus*, *Babas* und *Nagas*, der Heiligen Männer, die auf der »Maha Kumbh Mela« in derartigen Massen auftreten, wie sonst an keinem Ort. Hier waren auch die, die auf den alle drei Jahre stattfindenden »Kumbh Melas« fehlten. Einer nach dem anderen zogen sie auf reich geschmückten Traktoren mit goldenen Thronen über die für sie aufgebaute Pontonbrücke aus ihren Zeltstädten auf der anderen Seite des Flusses hinüber zum Sangam, um das »Shahi Snan«, das Bad der Heiligen, zu zelebrieren.

»Das ist wie ›Braveheart‹«, sagte ein österreichischer Tourist, als die ersten hundert mit Kohle beschmierten *Nagas*, ihre Nacktheit zelebrierend, an der für die Heiligen frei gehaltenen Stelle zum Strand hinunterrannten, gefolgt von *Akharas*, denen Diener Schirme hinterhertrugen. Um die zum Teil schon traditionell verfeindeten Fraktionen nicht zu reizen, fuhren die heiligen Männer nach einer schon vor Monaten festgelegten Reihenfolge vor. Es dauerte den ganzen Tag, bis alle ihre Leiber im Fluss gewaschen hatten, der dadurch für das normale Volk noch heiliger wurde. Als sie über die zweite für sie reservierte Pontonbrücke wieder zurückzogen in ihre Zeltstädte, stand das Volk zusammengedrängt im Schlamm zu ihren Füßen und schrie »Har Har Mahadev, Har Har Gangae, Bam Bam Bhole«. »Hoch lebe Mahadev, hoch lebe der Ganges. Lasst sie uns enthusiastisch feiern.«

Doch mit den Heiligen zog auch die Brutalität ein. Immer heftiger schlugen Polizisten mit ihren Stöcken auf die Leute ein, die sich durch den Zaun, der den Strand für das normale Volk von dem der *Sadhus* trennt, gemogelt hatten. Manche wurden mehr oder weniger durch die Bambusstäbe hindurchgequetscht. Ein alter Mann und eine alte Frau, die sich hinübergerettet hatten auf die »heilige« Seite, wurden von berittener Polizei den ansteigenden Strand hinaufgejagt wie Verbrecher. Ein Gläubiger wurde aus dem Ganges gerissen, noch bevor er sich fünfmal waschen konnte. Mittlerweile dauerte es acht bis zehn Stunden für die Massen, um das Wasser zu erreichen. Und doch kam ein Viertel der Menschen an diesem Tag nicht einmal in die Nähe des Sangam.

Dreitausend, heißt es, seien bei der letzten »Maha Kumbh Mela« verschwunden. Kinder, die nie wieder gefunden wurden, Männer, die nie heimkamen, Frauen, die nur eine Sekunde nicht aufgepasst hatten und plötzlich weggerissen wurden von ihren Familien. Natürlich sind diese Zahlen mit Vorsicht zu genießen, »aber es ist gut möglich, dass das stimmt«, sagt ein Regierungsbeamter. Doch diesmal sei man vorbereitet. Vor dem Bhule Bisharey Kendra, dem zentralen Fundbüro für Menschen, hockten Hunderte von Frauen, Männern und Kindern. Es ist das Büro der Verlorengegangenen. Shree Raja Ram Tiwari kämpfte sich durch die Massen hindurch, die alle Absperrungen und Zäune zu seinem Arbeitsraum eingerissen hatten. Dann setzte er sich auf den mit Stroh bedeckten Boden seiner Bürohütte und lächelte. In den letzten vierundzwanzig Stunden seien 29.785 Menschen verloren gegangen. Viertausend wurden bereits wieder vereint. Alles kein Problem. Dann wies er zwei seiner Helfer an, die Menschenmassen vom Eingang seines Zeltes wegzudrängen. Doch ein paar alte Frauen, panisch vor Angst, ließen sich nicht abwimmeln. Sie schrien die Namen ihrer Ehemänner ins Dunkel des Zeltes und streckten mit zitternden Händen Zettel herein, auf die jemand, der schreiben konnte, die genauen Angaben für sie notiert hatte.

Nein, an die Macht Shivas, des dreiäugigen Lords, glaubte hier keiner mehr, hier glaubten sie nur noch an die Macht der Lautsprecher, die auf dem Gelände der Kumbh fortwährend Namen ausriefen. Tausende von Namen, die über den Ganges hallten wie Klagelaute trauernder Witwen. In einer Blechhütte saß der Ausrufer am Lautsprecher. Es gab kein Fenster, da die Hilfesuchenden sonst das Büro gestürmt hätten. »Wir werden alle wieder finden«, sagte Shree Raja Ram Tiwari, als gäbe es daran nicht den geringsten Zweifel.

Im Zentrum des Wahnsinns herrschte am Nachmittag beängstigende Lässigkeit. Im Administration Center, der Schaltzentrale, dem logistischen Hirn der »Maha Kumbh Mela«, zu der in den zweiundvierzig Tagen ihrer Dauer insgesamt mehr als siebzig Millionen Menschen kommen sollen, war es schläfrig ruhig. »Der Chef«, sagte einer der Beamten etwas gelangweilt, sei vorne auf dem zentralen Wachturm. Sonst könne er weiter nichts sagen, es sei alles bestens, alles unter Kontrolle.

Doch unten sahen die Dinge etwas anders aus. Was sich über den Tag vor den Pontonbrücken abspielte, war unbeschreiblich. Stundenlang stand man in gigantischen Menschentrauben. Der Schweiß und die Angst der Masse waberten durch die Menge. Plötzlich kamen Tausende in Bewegung, schwankten nach vorne oder nach hinten, wie Betrunkene. In keiner Minute war man sicher, ob man sich gerade vorwärts oder rückwärts bewegte. Über die Bahnbrücke hoch über den Köpfen der von den Massen Eingesperrten fuhren fortwährend weitere Züge ein, aus deren Türen sich die Menschen schoben. Nach einer Stunde, ohne die Möglichkeit, auch nur daran zu denken, dem Irrsinn zu entkommen, war man auf der Brücke. Der Übergang dauerte eine weitere halbe Stunde im Gedränge und in der feuchten Nähe all dieser Fremden. Und doch ertrugen die Menschen all das mit stoischer Ruhe.

Drüben dann konnte man zumindest wieder frei gehen, selbst seine Richtung bestimmen. Ein unfassbares Gefühl nach den Stunden der drohenden Panik. Hier, in den Zeltstädten der gefeierten *Akharas,* in den *Aschrams* der *Gurus* und den Unterkünften der *Sadhus,* schlägt das Herz der »Kumbh Mela«. Hier empfangen die Heiligen Männer ihre

Anhänger, treffen sie sich zu religiösen Gesprächen, oder rufen, wie der rechtsextreme Welt-Hindu-Rat (VHP), zum Bau eines Himmelstempels auf den Trümmern der 1992 vom Mob zerstörten Babri-Moschee in Ayodhya auf. Keine »Kumbh Mela« ohne Politik. Ein paar Straßen weiter wohnen die *Sadhus,* unter ihnen auch jene Männer, die jahrelang stehen oder einen Arm in die Luft strecken. Vor dem Zelt des *Sadhus,* der seit Jahren seine Hand hebt, drängen sich die Menschen. Sein verkrüppelter Arm reckt sich abgemagert in die Luft. Die Finger der Hand sind ineinandergewachsen, die Fingernägel haben sich über die Jahre in braune Korkenzieher verwandelt. Touristen nennen diese Straße gerne »die Freakshow«.

Und dann, ganz plötzlich, als hätte jemand die Dinge auf den Kopf gestellt, änderte sich die Richtung. Mit derselben unfassbaren Gelassenheit gingen die Menschen wieder nach Hause. Sie nahmen ihr Stroh, auf dem sie geschlafen hatten, und sie nahmen ihre Kleider mit – und einen kleinen Behälter gefüllt mit *Gangajal,* Gangeswasser. Zurück blieben Schuhe, Tausende von Schuhen, die der Ganges dorthin bringt, wohin er irgendwann auch die Seelen ihrer ehemaligen Besitzer tragen wird: ins große Nichts.

So weit Ganeshs Füße tragen

Wo Menschen Menschen ziehen: Ein Besuch bei den »Rikschawallas« in Kalkutta

Wenn man das Leben von Ganesh Shaw in Zahlen packen würde, wenn man die von ihm in den letzten vierzig Jahren gelaufene Strecke mit den fünfundzwanzig Rupien, die er pro Kilometer bekommt, multipliziert und davon feste Kosten wie Sandalenabnutzung, Rikschaleihgebühr und Schmerzspritzen abzöge, käme unter dem Strich etwas heraus, was ein fähiger Buchhalter schlechte Rendite nennt. Das ganze Leben – ein Minusgeschäft.

Ganesh Shaw hat sich die Sache nie durchgerechnet, auch, weil für ihn Buchstaben und Zahlen wie fremde Wesen sind. Für die Schule hat es nie gereicht. Nur der Zahl fünfundzwanzig vertraut er. Das ist der Preis, den er verlangt. An guten Tagen kommt er damit auf sieben Rupien die Stunde, das sind zwölf Cent. Dafür zieht er die Kundschaft auf seinem siebzig Kilogramm schweren Gefährt durch Kalkuttas enge Gassen, durch den Schlamm der Regenzeit, den Staub des Sommers, er, der Sechzigjährige, seit vierzig Jahren im Rikschageschäft, ein Mann wie ein Strich. Oft kommt er nicht mal auf zwölf Cent die Stunde. Die Kundschaft ist launisch und immer öfter übergewichtig, aber das ist eine andere Geschichte.

Und doch hat es sich Ganesh Shaw eingerichtet in diesem Leben zwischen Abgasen und Verachtung. Seit zehn Jahren kann er sich Sandalen leisten. Die Hornhaut auf seinen Fußsohlen wird jetzt nur noch selten von Glasscherben und Metallteilen aufgerissen. Die Plastik-Schuhe sind seine größte Freude. Wenn er sie alle zwei Monate durchgelaufen hat, verkauft er das Restmaterial noch für ein paar Cent weiter und kauft sich neue. Dafür spart er sich den Schlafplatz im Massenquartier der *Rikschawallas*, er legt sich auf die Straße oder auf die Rikscha, wenn er Nachtschicht hat. Dort, wo er herkommt, hat der Hunger ihn vertrieben, jetzt schickt er regelmäßig Geld zur Familie ins mehr als siebenhundert Kilometer entfernte Motihari im Bundesstaat Bihar, dem ärmsten in Indien. Nicht viel, aber es bleibt sogar noch genug übrig, um zweimal im Jahr Frau und Kinder zu besuchen. Achtzig Mal hat er seine Frau in den letzten vierzig Jahren gesehen. Ein Luxus.

Wenn ihm sein Körper nicht gerade Schwierigkeiten macht, nennt er sich einen glücklichen Mann.

Doch jetzt gibt es dieses Gerede, dass man ihn abschaffen will. Ganesh Shaw glaubt nicht daran. Kalkutta ohne Rikschas? Wer sollte dann die Notfälle durch das Einbahnsträßchen hoch zum Krankenhaus karren, wer die Kinder bei Monsun von der Schule durchs hüfthohe Wasser nach Hause ziehen, wer die Alten durch die dunklen Gassen der Altstadt bringen, wer die *Ghanti*-Glöckchen der *Rikschawallas* läuten, ein Geräusch, das schon der Dichter Rabindranath Tagore besungen hat? Und doch schaut Ganesh Shaw jetzt manchmal hinauf zum Kirchenportal, vor dem er seit Jahrzehnten nachts seine Juteplane auslegt, um darauf zu schlafen. Schaut hinauf zur St. Francis Xavier Kirche in der B. B. Ganguly Street 68, in der ein fremder Gott hausen soll. Vielleicht kann der Fremde ja helfen. Es waren ja auch Fremde, die mit der Sache angefangen haben.

In Japan, heißt es, habe ein amerikanischer Missionar 1871 die »jin riki sha« erfunden. Im Gegensatz zur Sänfte brauchte man dafür nur noch einen Mann. Ein Fortschritt. 1900 brachten chinesische Geschäftsleute das Gefährt mit nach Indien, doch während die Kommunisten in China es 1949 verboten, setzte es sich in Kalkuttas engen Gassen fest. An keinem anderen Ort der Welt werden Menschen noch von Menschen gezogen. Doch hier in der Altstadt sind die Rikschas allgegenwärtig: hoch und schwarz, mit zwei hölzernen Rädern und zwei Stangen, die nach vorne ragen und zwischen denen Menschen traben wie Packesel. Erst transportierten sie nur Waren, 1914 bekamen sie die Erlaubnis, auch Menschen zu befördern. Jeder britische Kolonialherr der Stadt, der etwas auf sich hielt, hatte seinen eigenen Menschenfuhrpark, so erzählen es sich die *Rikschawallas*, wenn sie in Sharmas Garage zusammensitzen.

Im Herzen der Altstadt liegt die Garage. Eng und staubig ist der Weg dorthin, voll geparkt mit kaputten Rikschas. Ramdeen Sharma sitzt mittendrin im Gehämmer, sitzt am Boden mit einem großen Holzrad zwischen den Füßen. Sein Urgroßvater Dhandari Sharma hat die Garage vor mehr als hundert Jahren eröffnet. Auch er kam aus dem verarmten Bihar, wie die meisten der *Rikschawallas*. Seit 1903 werden an diesem Ort Rikschas gebaut und repariert, Räder ausgewechselt, Kanten beschlagen, Sitze neu aufgepolstert, Nummern nachgezeichnet, Probleme besprochen. Ramdeen Sharma ist nicht nur Besitzer der ältesten Rikschagarage der Stadt und Besitzer von mehreren Rikschas, sondern auch Vorstandsmitglied der Gewerkschaft. Ein wichtiger Mann, einer, der weiß, was zu tun ist.

Doch was ist zu tun, wenn die Welt verrückt spielt? Ramdeen Sharma lässt Tee bringen und erzählt von dem Tag im August, an dem der Ministerpräsident von Westbengalen, Buddhadeb Bhattacherjee, aus dem Nichts heraus verkündete, bis Ende 2005 hätten die unmenschlichen Gefährte von den Straßen Kalkuttas zu verschwinden. Von einer Verletzung der Menschenrechte sprach der Ministerpräsident, wenn man Männer wie Pferde vor Wagen spanne. Sharma stößt einen Lacher aus wie einen Schuss. Dann starrt er in die Runde. Die Männer um ihn herum starren zurück. Ganesh Shaw sitzt hoch oben, auf dem Polster seiner Rikscha, dort, wo normalerweise die Kundschaft sitzt, und lächelt. Er begreift nicht, will nicht begreifen. Vierzig Jahre – und jetzt kommen sie mit den Menschenrechten.

Bislang waren die Stimmen der armen *Rikschawallas* der marxistischen Regierung immer noch gut genug. Viele durften wählen, obwohl sie in Kalkutta kein Wahlrecht hatten. »Ihr Idioten habt denen eure Stimme gegeben, die euch jetzt abschaffen werden«, schimpft Sharma, ein paar Männer stehen auf, die meisten über vierzig, einen Hinterhof weiter schlafen mehr als fünfhundert *Rikschawallas* in ein paar niedrigen Baracken, schichtweise. Nachwuchs gibt es in der Branche schon lange nicht mehr. Doch die, die noch da sind, werden arbeiten, so lange man sie lässt.

Ramdeen Sharma murrt ein wenig, müde sieht er aus. »Wir werden erst aufhören, wenn sie uns eine Alternative geben«, sagt der Gewerkschafter.

Und wir werden mit dem Gesetz kämpfen. Die Männer um ihn herum nicken. Gasbetriebene Motor-Rikschas habe die Regierung ihnen versprochen, aber die müssten sie erst einmal der Gewerkschaft zeigen. Die meisten *Rikschawallas* würden nichts lieber tun, als auf Motor-Rikschas umzusteigen, aber sie sind Analphabeten, ohne Führerschein, wie soll man sie umschulen? Und bis jetzt sei nichts geschehen, es sei noch nicht einmal klar, wie viele Rikschas es in der Stadt gebe. »Der Ministerpräsident spricht von sechstausend, ich sage, frag die Polizei, nur die Polizei kennt die richtige Zahl«, sagt Sharma. Die Männer lachen.

Jeder hier weiß, dass die Polizei illegal Nummern mehrfach ausgibt, an sich selbst. Sharma sagt, mehr als die Hälfte der Rikschas fahre für die Polizei. Es sei ein Geschäft wie Gold. Sie zahlen keine Straßensteuer, keine Polizeisteuer, keine Lizenzgebühr. Hundertdreißig Rupien im Jahr zahlt Sharma pro Rikscha. Die Polizei keine Rupie. In Sharmas Garage reden sie von vierundzwanzigtausend *Rikschawallas* in Kalkutta und von mindestens dreihunderttausend Menschen, die im Geschäft mit drinhängen. Zulieferer, Besitzer, Fahrer, Handwerker. Sie haben demonstriert, gestreikt, sie haben getan, was sie konnten. 1995 verbannte man sie bereits von den großen Straßen der Fünfzehn-Millionen-Stadt. Man benutzt sie, aber will sich die Plackerei nicht ansehen. Für die einen sind sie Tradition, für die anderen ein Schandfleck.

»Die wollen, dass ihre Stadt besser aussieht, für die Investoren, die wollen eine Megacity aus Kalkutta machen. Wenn sie dann schön ist, werden wir sie nicht mehr sehen«, sagt Sharma, der Garagenbesitzer, während Ganesh Shaw in seiner Jutetasche herumkramt. Mehr als die Tasche besitzt er nicht in dieser Stadt, in der er seit vierzig Jahren lebt. Er sucht sein *Ghanti*-Glöckchen, das er gegen die Holzstange schlägt, wenn es schwierig wird im Gewirr der Gassen. Ein Gewirr, das die Kinder der Mittel- und Oberschicht oft gar nicht mehr kennen. Die Reichen wohnen draußen in neuen Wohnvierteln mit Namen, die für einen wie Ganesh Shaw wie ein Versprechen klingen: Salt Lake City zum Beispiel.

In Salt Lake City sind Rikschas noch nie erlaubt gewesen, dort gibt es japanische Kleinwagen und Flachbildschirme und Menschen, die effizient sind und darauf bedacht, dass ihr Leben nur ja kein Minusgeschäft wird. Als er sein Glöckchen gefunden hat, zieht Ganesh Shaw los mit seiner Rikscha Nummer 1505, einer der Letzten seiner Art, ineffizient, unrentabel und unrettbar.

Eine Frage des Preises

Jedes Jahr sterben Tausende Frauen, weil ihre Familie die Mitgift nicht bezahlen kann – eine hat sich gewehrt

Die Nacht war Warten. Stilles, einsames Warten. An Schlaf war nicht zu denken. Über ihren Kopf hielt sie stundenlang die Hände, mit Henna bemalt und zum Trocknen ausgebreitet. So lag sie da. Lächerlich sah das aus. Aber alle lagen sie so da vor dem großen Tag, ihre Mutter, ihre Großmutter, die Tanten, die Freundinnen – es war die Nacht vor Nisha Sharmas erster Hochzeit. Eine grauenhafte Nacht.

Der Vater Devdutt Sharma ging einstweilen im Wohnzimmer noch einmal alles durch. Goldketten, Armreife, *Saris*, Bargeld, zwei Waschmaschinen, zwei Kühlschränke, zwei Hi-Fi-Anlagen, ein Elektroherd, ein Flachbildschirmfernseher, lauter Markenfirmen, vieles doppelt, je eines zusätzlich für die Schwiegermutter. Vor dem Haus stand der goldfarbene Maruti Esteem, ein Viertürer, wie vom zukünftigen Ehemann gewünscht. Für den Vater war die Nacht reine Freude. Er hatte getan, was zu tun ist: »Sie ist meine einzige Tochter.«

Der Tag danach war Erleichterung. Das Henna bröselte von Nisha Sharmas Händen und brachte filigrane Muster zum Vorschein, Frauen umflatterten sie, bemalten ihre Lippen, kicherten, zogen ihr Armreife an, die leise klimperten, steckten ihr Süßes in den Mund, das am Gaumen klebte, flüsterten ihr Aufmunterndes ins Ohr. Da stand sie, Nisha Sharma, einundzwanzig Jahre alt, im Haus der Eltern, gewickelt in einen roten, golddurchwirkten *Sari*, eine indische Braut, geschmückt und schön, wie es ihre Pflicht war. Es war der 11. Mai 2003.

Aus dem Haus ihrer Eltern ist Nisha Sharma an diesem Tag nicht mehr herausgekommen. Es war acht Uhr abends, als sie ihr Handy nahm, die Polizei anrief und ihren Zukünftigen verhaften ließ. Gerade hatte sie das Haus der Eltern verlassen wollen, Richtung nahegelegener Festplatz, da kamen Verwandte angerannt und erzählten, dass der Vater im Hochzeitszelt bedroht und bespuckt werde. Fünfundzwanzigtausend Dollar forderten Bräutigam und Schwiegermutter. Zusätzlich. Zu all den Kühlschränken, dem Auto, dem Fest, dem Mädchen. Der Vater lehnte ab, die Tochter holte die Polizei – so etwas hatte es in Indien noch selten gegeben. Eine Frau muss froh sein, wenn sie genommen wird. Und die Eltern zahlen.

Dowry nennen sie das hier, Mitgift. Die Ehe – in Indien ist sie ein gigantischer Markt. Der Preis richtet sich nach Aussehen, Hautfarbe, Erziehung, Einkommen, Kaste und Zukunftschancen der Männer. Das ist die Verhandlungsbasis. Der Rest ist Ehrensache. Ein guter Brautvater zahlt viel. Geschenke nennt man das. Denn laut Gesetz ist die Mitgift in Indien schon seit 1961 verboten. In Wahrheit aber ist sie eine der einfachsten Arten, an Geld zu kommen. Wer einen Sohn hat, kassiert. Wer eine Tochter loswerden will, muss zahlen. Und wer mehr hat, zahlt mehr. Früher waren es Kühe, die man der Braut mitgab, heute sind es Fotoapparate, Fernseher, Videorekorder, Doppelbetten, Mopeds, Autos, Häuser und Geld, bares Geld. Zwischen fünf und zwanzig Prozent des Familieneinkommens. Ein ruinöser Handel.

Monate ist das jetzt her. Nisha Sharma sitzt immer noch bei den Eltern in Noida, einem Vorort von Delhi. Mittelklassegegend, relativ reich, der Vater hat ein kleines Unternehmen. Im Hintergrund läuft das Hochzeitsvideo. Verwackelte Bilder von der »berühmtesten Party der Welt«, wie Nisha Sharma sie nennt, die geplatzte Hochzeit. Sie hat das Video schon hundertmal gesehen. Die prächtigen Gewänder der Wächter an den Eingangstüren des Zeltes, die Fahrer zum Einparken der Autos, die Kinder, die Rosen auf die Gäste schmeißen. Die Schwiegermutter, eine Lehrerin, im blauen *Sari*. »Wie ein Drache«, sagt Nisha Sharma. Sie hat nur das Video. Denn hingekommen ist sie nicht mehr, zur eigenen Hochzeitsfeier. Tausendfünfhundert Gäste waren geladen. Tausendfünfhundert Menschen, die weiter aßen, als der Bräutigam und seine Mutter bereits abgeführt wurden. »Mir war es recht, das Buffet war ohnehin schon bezahlt«, sagt der Vater, starrt in den Fernseher. Das Fest hat ihn ein Vermögen gekostet. »Es sollte der größte Moment in Nishas Leben werden«, sagt er. Das ist es auch geworden.

Am 11. Mai ist Nisha Sharma berühmt geworden. Die Schande wurde inzwischen zur Heldentat. Das ganze Haus ist vollgestopft mit dem Dank der Nation. Rotary Club, Frauenorganisationen, Politiker. An der Wand Urkunden, verliehen an Nisha Sharma für »ihren herausragenden und exemplarischen Dienst an der Nation im Kampf gegen Mitgift und soziale Ungerechtigkeit«. Im Regal Pokale. Auf der Couch Hochglanzmagazine, *Cosmopolitan*, *The Week*, *People Magazine*. Man nennt sie jetzt »Eisenlady«, »Anti-Mitgift-Mädchen«, »Heldin der Nation«. Neben den Magazinen zwei Mappen. Die gelbe ist voller Zeitungsartikel. Die blaue voller Heiratsanträge, mehr als fünfzig.

»Da, da wackelt die Wand, sehen Sie, da haben sie meinen Vater gestoßen«, sagt Nisha Sharma. Hält das Video an. Zu erkennen ist wenig, ein bisschen Gerangel. »Ich wusste nicht, was ich tue, ich wusste nur, dass ich jetzt die Polizei rufen muss«, sagt sie, spielt das Band vor, zurück, vor, singt das Lied mit, das den Horror untermalt: »You got me, my luck rises up.« Dann reicht ihr die Mutter ein zweites Video. Vor ihr die Bilder der Verlobung, wie die Frauen die Braut schmücken, Halsketten, Armreife, Gelächter, Gold, die Lippen blutrot. Dann kommt der zukünftige Ehemann, Munish Dalal, füttert sie, steckt ihr den Ring an den Finger, alle klatschen. Schön war sie, die Braut, mit ihrem schüchternen Lächeln. Auch die Verlobung hat den Vater einiges gekostet. Geschenke an alle, Geld und Kleider und *Saris* und Süßigkeiten. Er schaut, lacht: »Noch einmal eine Hochzeit, das wird sehr teuer werden.«

Nisha Sharma schaut den Mann im Video an, wie er ihr Süßigkeiten in den Mund schiebt, tippt etwas in ihr Handy ein, lächelt: »Bis jetzt hatte ich noch keine Zeit, über alles nachzudenken. Aber wenn ich das tun kann, warum nicht die anderen?« Es gab auch schlimme Zeiten nach der geplatzten Hochzeit, als ein Studienkollege behauptete, er sei bereits mit ihr verheiratet, als sie die Zeitungen, die sie erst bejubelt hatten, als Lügnerin beschimpften. Dem Vater wurde ein Verhältnis mit der Schwiegermutter nachgesagt. Der Kampf gegen die Tradition, ohne die Unterstützung der Eltern wäre er nicht zu kämpfen. »Es ist schon eigenartig, einen

Preis zu haben, als Mädchen«, sagt Nisha Sharma. Plötzlich steht ein Postbote im Zimmer, zwischen all den Pokalen und Urkunden, bringt einen Brief – ohne Adresse. »Nisha Sharma«, steht drauf, »die die Mitgift verweigert hat.«

Täglich kommen Briefe. Briefe, in denen Eltern ihre Söhne anpreisen, wie in den Heiratsbeilagen der indischen Zeitungen. Seitenweise bieten sie da ihre Kinder an, unterteilt in die verschiedenen Kasten: »Schönes, dünnes, hellhäutiges Brahmin Mädchen« – »häusliches Bansal Mädchen« – »Punjabi Arora Mädchen aus respektabler und gebildeter Geschäftsfamilie« – »jungfräulicher Junggeselle, neununddreißig Jahre alt, sieht aus wie dreißig, hundertachtzig Zentimeter groß, hell, sehr ansehnlich, Vegetarier, Nichtraucher, Abstinenzler, MA Psychologie, eingeschrieben zur Promotion, Autor von Büchern, war in den USA … wird ganz sicher berühmt werden« – »sauber rasierter Sikh, eigenes Haus, Vegetarier, geschieden, sucht schöne Frau, Kaste spielt keine Rolle«.

Nisha Sharma blättert die Anträge in der blauen Mappe durch, rechnet Jahresverdienste mit dem Taschenrechner aus, lächelt, liest vor. Spielereien, der Vater hat schon einen Neuen ausgesucht. »Ich vertraue ihm«, sagt sie. Für die Suche nach dem ersten Bräutigam hatte er eine Anzeige aufgegeben, in der Zeitung. Sechsmal habe die Mutter von Munish Dalal danach bei ihm angerufen. Man verhandelte, einigte sich, legte den Tag fest. Die Kinder trafen sich einmal. Sie hatten nichts einzuwenden. »Die Mutter von Munish hatte es eilig, wohl weil sie kurz darauf in Pension ging«, so der Vater. Er sagt auch, dass es keine Forderungen gab vor der Hochzeit, all die Geräte, das Auto – Geschenke.

Aber die fünfundzwanzigtausend Dollar, das sei ungesetzlich gewesen, Mitgift. Der Vater nennt Munish »den gierigen Bräutigam«. Er ist vorsichtig, er kennt die Gesetze, wie die meisten in Indien, es ist mittlerweile bekannt, dass sowohl der, der die Mitgift bezahlt, als auch der, der sie nimmt, im Gefängnis landen kann. Also spricht keiner davon bei den Verhandlungen. Die Forderungen kommen meist nach der Hochzeit, steigen ins Unermessliche, über Jahre hinweg. Bis etwas passiert.

Für Ranjana Kumari ist die Sache klar. Sie ist im Krieg, spricht von Schlachten, die ausgefochten werden müssen und von ihrer wirksamsten Waffe: Nisha. »Wir haben ihr sofort eine Medaille gegeben. Mit ihrer Tat hat sie mehr erreicht als wir in zehn Jahren.« Doch der Kampf ist lange nicht gewonnen. »Es ist die Hölle, Sie haben keine Ahnung, wie rückständig wir sind. Töchter werden in diesem Land noch immer als ökonomische Last betrachtet«, sagt Ranjana Kumari, Frauenrechtlerin und Direktorin des Centre for Social Research in Delhi. Eine wütende Frau. Das *British Medical Journal* hat eine Studie veröffentlicht, in der bestätigt wird, dass in Indien weibliche Babys öfter sterben als männliche. Die Todesrate der Mädchen sei fast ein Drittel höher, was daran liege, dass sie weniger willkommen seien als Jungen und schlechter behandelt würden, auch medizinisch. Mädchen, so die Forscher, würden immer wieder von Eltern umgebracht. Tödliche Diskriminierung, die dazu führt, dass in Indien 2001 auf 1000 männliche Neugeborene nur 933 weibliche kamen. In den meisten Ländern ist das umgekehrt. Und immer mehr Schwangere treiben Mädchen ab. Kein Problem mehr mit den billigen Methoden der Geschlechtsbestimmung vor der Geburt. Ultraschall, ein Killer für das weibliche Geschlecht.

So verzerrt sind die Proportionen schon, dass manche von einer Hochzeitskrise sprechen, immer öfter kaufen sich indische Männer Frauen aus der Ferne. An schlechten Tagen glaubt Ranjana Kumari, dass es Jahrhunderte dauern wird, bis sich etwas ändert in Indien. »Wir müssen schaffen, dass sich die Leute schuldig fühlen, wenn sie Mitgift bezahlen. Heute ist es anders herum, Eltern fühlen sich schuldig, wenn sie nicht bezahlen. Oft sind die Mädchen sogar enttäuscht, wenn zu wenig Mitgift kommt, und fordern selbst mehr, in der Hoffnung, dann besser behandelt zu werden.«

Eine Ehe in Indien beginnt ja bereits mit den niedrigsten Erwartungen, doch was passiert mit den Frauen, wenn sie erst einmal in den Händen der anderen Familie sind? Sie sind Ausgelieferte, Fremde in einer Gemeinschaft zwischen Mutter und Sohn, die heilig ist. Indien, Land der Männer, die ein Leben lang *Munnas* bleiben, kleine Jungs ihrer Mütter. Die Ehefrau ist die Geisel, Pfand für eine ewig fließende Geldquelle, Eigentum der Schwiegerfamilie. Wenn eine Frau mit zu wenig kommt, geht es ums Überleben. Sechstausendsechshundert Mitgifttote gebe es offiziell jedes Jahr in Indien, sagt Kumari. Die UN geht von zwölf getöteten Frauen am Tag aus. Die Dunkelziffer geht in die Zehntausende. »Wir brauchen mehr Nishas, sonst werden noch mehr umkommen. Die Arbeit wird uns jedenfalls nicht ausgehen«, sagt Ranjana Kumari.

Vor vierzehn Jahren hat sie ein Buch geschrieben, »Bräute sind nicht zum Verbrennen da«. Es ist eine Studie über Mitgift-Opfer in Indien, über erhängte, verbrannte, vergiftete Frauen, über die indische Gesellschaft, die diese Toten seit Jahrzehnten ignoriert, über Eltern, die ihre Kinder davor immer wieder zurückgeschickt haben, in das Haus ihrer Folterknechte, über Polizisten, die Fälle untersuchen sollen, Schmiergeld einstecken und immer wieder nur Selbstmord feststellen oder Unfälle. Fall erledigt. Der Mann ist damit frei für die nächste Braut. Geändert hat sich seitdem nicht viel. »Zehnmal passiert es, einmal erfahren wir davon. Die wenigsten Frauen wagen es, wenn sie noch am Leben sind, sich zu beklagen, es gibt da eine große Scham«, sagt Ranjana Kumari.

Sechs Frauencenter hat ihre Organisation in Delhi. Dort haben sie sechzig bis siebzig Fälle von Mitgiftstreitereien jeden Monat. Ein Mädchen erzählt, wie ihr Mann sie verkauft hat, an fremde Männer, weil die Mutter nicht das geforderte Moped zahlen konnte. Frauen sprechen von Schwiegermüttern, die sie verprügelt und bespuckt haben. Von dem Geld, das die Eltern zahlen, sehen die meisten nie etwas, obwohl manche von einer Art Erbvorauszahlung reden. Wenn sie Glück haben, werden sie ihren Eltern zurückgegeben wie fehlerhafte Ware. In einer Kultur, in der Witwenschaft oder Scheidung für eine Frau oft schlimmer sind als der Tod.

Ajay Agrawal sitzt in seinem Büro, hinter einem Schreibtisch wie eine Festung. An den Rändern Telefone, aufgereiht wie Geschütze. Der Mann ist Direktor des größten Gefängnisses Südostasiens. Auf seinem Tisch landen früher oder später all jene Fälle, bei denen es zur Verhaftung kam. Hier bekommen die Opfer wenigstens einen Ordner, wenn es gut geht auch irgendwann ihr Recht. Es ist eine späte Genugtuung. Aber immerhin.

Ajay Agrawal ist Direktor im Tihar Gefängnis, Herr über mehr als zwölftausendfünfhundert Gefangene. »Viertausend zu viel«, sagt er, spielt an seinen Ringen herum, spult Zahlen herunter. Er preist ihn an, seinen Knast, redet von der hohen Analphabetenrate seiner Gefangenen, davon, dass jeder, der hier sitzt, danach seinen Namen schreiben kann. Und dann redet er von den Frauen – den Täterinnen. Ein Drittel sitze wegen Mordes, ein Drittel wegen Drogen, ein Drittel wegen Mitgiftstreitigkeiten. »Ich sage es immer, Frauen sind die größten Feinde der Frauen«, sagt Ajay Agrawal. Ein kurzer Wink, Audienz beendet.

Wenig später öffnet sich das Eisentor zu Gefängnis Nummer 6, dem Frauenknast, fünfhundertsiebzig Insassinnen, davon zweihundert wegen Mitgiftvergehen, die meisten davon Schwiegermütter. Angeli Tiwari, Bewährungshelferin, schließt die Türen auf. Die Mitgiftfrauen haben einen eigenen Trakt – Schwiegermüttertrakt nennen sie den hier. Hinter Gittern hocken sie am Boden, alte Frauen, junge Frauen. »Welche wollen Sie sprechen? Die da hinten sagt, das Mädchen hätte sich angezündet, die hier sagt, das Mädchen hätte sich erhängt.« Mord gesteht fast keine, auf das Wort Mitgift reagieren sie nicht. Warum das Mädchen verscharrt wurde, bevor die Eltern kamen? Keine Antwort. Warum das Mädchen die Eltern nie besuchen durfte? Sie war bockig. »Die meisten haben selber Mitgift für ihre Töchter bezahlt, das holen sie bei ihren Söhnen wieder rein«, sagt Angeli Tiwari. »Es geht um Angebot und Nachfrage. Die Frauen sind Opfer ihrer eigenen Familie. Beide Seiten sind Täter«, sagt sie und schließt die Türen wieder zu.

Die Nacht war Warten. Stilles, einsames Warten. Über ihren Kopf hielt Nisha Sharma stundenlang ihre Hände, mit Henna bemalt, zum Trocknen ausgebreitet. Eine grauenhafte Nacht. Als sie das zweite Mal heiratete, kamen fünfundsiebzig Gäste. Es gab keine Fahrer, keine Türsteher, keine Rosen. Der Vater sagt, es gab auch keine Mitgift. Seitdem geht sie nicht mehr ans Handy. Für den Vater war der Tag reine Freude. Er hat getan, was zu tun ist: Er hat seine Tochter verheiratet.

Tod am Ganges

Warum es für Hindus lebenswichtig ist, in Varanasi verbrannt zu werden

Shiva Shankar sagt, dies ist ein Vierundzwanzig-Stunden-Ort. Es brennt das ewige Feuer, und es brummt das ewige Geschäft. Wer glaubt, dass man hier nachts schlafen kann, der kennt sie nicht, die Bettler, die Heiligen und die Toten. Es sind Wesen ohne Zeit. Aufdringlich und ohne Scham.

Shiva Shankar sagt, dies ist ein Ort des Todes. Hier riecht es nach verbranntem Fleisch, und es starren Augen aus kalten Gesichtern. Aber wer glaubt, dass man hier weinen muss, der kennt sie nicht, die Schriften aus vergangener Zeit. Es sind Worte der Freude, sagt Shiva Shankar, der sie nie gelesen hat.

Dann macht er eine der vielen Dosen auf, die um ihn herumstehen wie Wachtürme, zählt die Acht-Gewürze-Pulver-Säckchen, die Sandelholzstöckchen, die Tüten voll buttrigem *Ghee*, lächelt. Er hat genug eingetütet für die Nacht. Also legt er den Kopf auf die Türschwelle seines Ladens nicht weit vom Ufer des Ganges. Heiliger Ganges, der nur in Varanasi für fast sieben Kilometer wieder nach Norden fließt, in die Richtung, aus der er kommt. Es heißt, der Fluss hätte sich in die Stadt verliebt.

An der Kurve des Flusses liegt nun Shiva Shankar und reckt seinen Haarschopf auf die Gasse hinaus, damit sie ihn wecken können, die Kunden der Nacht. Es ist zwei Uhr, am Fluss brennen ein paar Feuer. »Wir haben hier immer offen«, sagt der Fünfunddreißigjährige noch, dann tragen die Träume ihn fort.

Man muss nicht immer glauben, was Shiva Shankar sagt. Er ist ein Meister des Wortes. Er lebt davon, selbst den Toten noch Dinge aufzuschwatzen.

Es ist finstere, kalte Nacht am »Manikarnika Ghat«, dem heiligsten aller Orte in dieser Stadt voller heiliger Orte. Hier, wo der Gott Shiva einst seine Ringe verlor, wo das Universum erschaffen wurde und wo es brennen wird am Ende der Zeit, ist der Tod die reine Freude, *Moksha*, Erlösung.

Wer hier brennt, auf einer der Terrassen, die von der Stadt hinunterführen zum Ganges, dem flüstert Shiva das *Taraka Mantra* ins Ohr, das *Mantra* der Überfahrt. Kein Hindu, der nicht hier verbrannt werden möchte, um befreit zu werden vom ewigen Kreislauf des Sterbens und der Wiedergeburt. Kein Hindu, der nicht hier liegen möchte, vom Feuer verzehrt, den weltlichen Qualen entronnen. Keiner, der nicht hier sterben möchte, an diesem Ort, an dem Shiva Shankar sein Leben verbringt.

Der Tod ist ein gigantisches Geschäft in dieser Stadt, die sie Varanasi nennen oder Benares oder Kashi, und von der man sagt, sie sei älter als die Geschichte, seit Urzeiten bevölkert von Heiligen, Asketen, Denkern, Göttern und Toten.

Varanasi, heiligste Stadt der Hindus, Zentrum der kosmischen Ordnung, Stadt Shivas, in der alle erlöst werden, ohne Wiedergeburt, ohne Qual.

Diesem Versprechen jagen sie hinterher. Die ganze Stadt ist ein Krematorium, zum Bersten voll, seit 1862 die Eisenbahn hierher geführt wurde und fortan Pilger in großer Zahl nach Varanasi brachte: die Sterbenden, die Toten und die Witwen, die man nicht mehr mit den Männern ins Feuer jagen darf, und die hier auf ihr Hinübergehen warten. Drei Viertel der Bevölkerung dieser Stadt leben von den Pilgern und den Leichen.

Aber weil gerade keiner kommt, weil gerade Pause ist im ewigen Sterben, schlafen die, die nicht gebraucht werden am »Manikarnika Ghat«. Gleich neben Shiva Shankars Laden schnarcht der Buchhalter im Holzgeschäft, gegenüber liegt der Friseur an seiner Feuerstelle, neben ihm drei Holzträger, zwei Holzaufrichter, ein alter Mann, den keiner kennt. Nur Tara ist wach. Aus Notwehr.

Die Nacht ist gefährlich für Frauen, die keinen Platz mehr haben im Leben. Die verrückte Tara, die laute Tara. Ein bisschen Asketin, ein bisschen Hure, sagt Shiva Shankar. Eine der zahllosen Witwen, die hängen geblieben sind in dieser Stadt. Tara treibt sich immer hier herum, mit einem Stock in der Hand und einem irren Lachen. Niemand weiß, was ihr das Leben und die Nacht schon alles angetan haben. Wenn man sie fragt, verdreht sie die Augen, erzählt von ihrem Mann, der gestorben ist vor der Zeit und sie zurückließ. Irgendwann vor fünfundzwanzig Jahren kam sie hierher. Seitdem ist sie nicht mehr weggegangen von den Toten, die ihr Trost spenden, und Sicherheit.

Wenn es ihr zu ruhig ist in der Nacht, starrt Tara hinein in die Gassen der Altstadt, wartet, bis sie hört, was sie hören will: »Rama Nam Satya Hai.« Immer wieder, immer lauter: »Rama Nam. Rama Nam.« Der Gesang für die Toten, in ewiger Wiederholung, wie er sich voranarbeitet, immer näher kommt. Taras Freudengesang. Bis endlich ein schwankender Leichnam an Shiva Shankar vorbeigleitet, die vielen Stufen hinunter zum Fluss, wo die vier Träger ihn ablegen wie ein schweres Gepäckstück. »Rama Nam Satya Hai« – Ramas Name ist die Wahrheit.

Es ist 2.35 Uhr, stockfinstere Nacht. Dann geht es los, das Geschacher mit dem Tod.

Shiva Shankar blinzelt, setzt sich auf, ist hellwach, rattert die Preise herunter, schlägt ein Gesamtpaket vor: Holz, Feuer, Arbeiter, Duftsäckchen, Feueranzünder für neunhundertfünfzig Rupien, rund sechzehn Euro. Die Männer, die den Leichnam gebracht haben, sagen, dass sie so viel Geld nicht hätten.

Shiva Shankar nestelt gelangweilt an seinen Totendeckchen herum. Der Buchhalter im Holzladen nebenan legt sich sein Auftragsbuch zurecht, der Friseur setzt eine neue Klinge für die Trauerrasur ein. Und Tara schreit herum in ihrem bengalischen Dialekt, den keiner versteht, wenn er nicht gerade Lust dazu hat.

Kein Angehöriger nimmt seinen Toten wieder mit. Sie werden ihn nicht den Fluten des Vaitarni-Flusses überlassen, diesem Strom aus Blut, Urin und Eiter, von Monstern bewohnt, den jeder Tote durchqueren muss auf seinem Weg hinüber in das wahre, ewige Sein. Nur wer am »Manikarnika Ghat« verbrannt wird, umgeht die Grauen des mythischen Flusses, erlangt sofortige Erleuchtung, wird eins mit dem göttlichen, wahren *Brahman*. Es ist eine Abkürzung ins *Nirwana*, die man nur hier nehmen kann.

Das gibt den Händlern Gelassenheit bei den Preisverhandlungen.

Unten am Ganges hockt der älteste Sohn beim toten Vater; zwischen Hundekot, Knochen, Blumen, Kuhfladen, Tuchfetzen. Der Vater liegt bis zur Hüfte im Wasser, eingewickelt in golddurchwirkte Tücher, festgebunden auf einer Trage, das Gesicht starr und mager. Der Sohn schaufelt Wasser in den Mund des Toten, weil es ihm die alten Männer der Familie so befohlen haben. Er schöpft dem Vater heiliges, brackiges Gangeswasser in den Mund, schwarz von der Asche der Leichen. Sein letztes Getränk. Wenigstens das gibt es umsonst.

Um drei Uhr morgens legen die Angehörigen die Geldscheine zusammen. Shiva Shankar lächelt, es ist der erste Tote dieses Tages. Und alle, die ruhig auf die Entscheidung gewartet haben, sind nun hellwach und geschäftig: Holzaufschichter, Friseur, Betelnussverkäufer, Duftpuderverkäufer. Holz wird auf einer Waage abgewogen. Fünf Mann tragen die Scheite die steilen Treppen hinunter und werfen sie dem Arbeiter hin, der das Holzbett für den Toten bereiten wird. Ein gutes Bett ist sechs Fuß lang, drei Fuß breit, und es bleibt genug übrig, um die Leiche mit einer Decke aus dünnen Ästen zu bedecken.

Bei Shiva Shankar ist das alles im Preis inbegriffen. Auch das ewige Feuer, das am »Manikarnika Ghat« brennen soll seit Menschengedenken. Shiva Shankar hat gute Beziehungen zu den *Choudhurys*, den Hütern des Feuers. Er kennt den *Dom*, den König an diesem Ort. Unberührbar ist er, wie alle, die hier arbeiten. Im Leben ganz unten. Doch hier an der Pforte, die hinausführt aus dem Leben, hat der König die Macht.

Nur sein Feuer hat die Kraft, sagt Shiva Shankar, der es verkauft.

Denn so steht es geschrieben: Harishchandra, König von Ayodhya, übergab sein Reich, seine Frau und seinen Sohn anderen Mächten. Sich selbst unterstellte der König Kalua Dom, dem Herrn über die Verbrennungsstätten. So wurde der König zum Diener eines Unberührbaren, sammelte Leichentücher und Abgaben von den Trauernden. Als sein eigener Sohn starb und seine Frau weder Leichentuch noch Geld geben konnte, blieb der König standhaft, verlangte, was er von allen verlangt. Keine Lügen, keine Ausreden. Am Ende bescherte des Königs Wahrhaftigkeit allen Erlösung. Auch Kalua Dom, dem Unberührbaren, dem sich ein König unterworfen hatte.

Das ist die Geschichte. Seither sieht sich der jeweilige Dom Raja als Besitzer der Verbrennungsstätten, als Herr des Feuers. Fast nur Menschen seiner Kaste arbeiten an diesem Ort: *Choudhurys*, die ihre Arbeitsrechte von Generation zu Generation erben. Der Preis für die Erlösung liegt momentan bei hunderteinundfünfzig Rupien. Hundertfünfzig, weniger als drei Euro, als Grundpreis – und eine Rupie für das Glück.

Shiva Shankar schickt seine erste Kundschaft hinunter zu den *Choudhurys*. Ein Arbeiter reicht dem ältesten Sohn des Verstorbenen ein Bündel Stroh mit einer glühenden Kohle aus dem ewigen Feuer. Fünfmal muss der Sohn den Scheiterhaufen gegen den Uhrzeigersinn umkreisen, fünfmal den Kopf des Toten mit dem Stroh berühren, so steht es geschrieben. Aber wer kennt schon die Schriften. Der junge Mann läuft verkehrt herum, verbrennt sich die bloßen Füße an der Glut, schiebt das Stroh, das zu früh Feuer gefangen hat, hektisch unter den Vater, hat Tränen in den Augen.

Die alten Männer klopfen ihm auf die Schulter, lästern über das feuchte Holz, die faulen Arbeiter, den Preis. Shiva Shankar aber sagt, billiger komme man nicht hinüber ins Nirvana.

Auf der überdachten Terrasse unter Shiva Shankars Laden hocken sie, die Feuerverkäufer, *Choudhurys* allesamt, behängt mit goldenen Uhren und Ketten voller Talismane. Sie kauen Betelnüsse, rauchen, schwatzen. Wenn keine Kundschaft kommt, nicken sie ein, Kinder auf dem Schoß. Eines Tages werden ihre Söhne die Feuerverkaufsrechte erben. Sie müssen lernen, wie man die Erlösung verschachert.

Wer nicht bei Shiva Shankar kauft, der muss sich das Feuer hier selbst besorgen. Es ist nicht einfach, die Feuerverkäufer auf den Mindestpreis herunterzuhandeln. Sie steigen bei ein paar hundert Rupien ein. Es wird nicht billiger, jetzt, da es langsam hell wird und immer mehr Tote auf der Treppe am Ganges herumliegen. Kleine, bunte Pakete.

Hinter den *Choudhurys* qualmt das Feuer. Ewig und heilig, seit Anbeginn der Zeit.

Im Zentrum des »Manikarnika Ghats« brennt es, auf der mittleren Terrasse. In der Regenzeit, wenn der Fluss hinaufsteigt bis zu Shiva Shankars Laden, tragen sie das Feuer zur obersten Terrasse. Aber erloschen sei es noch nie, sagt Shiva Shankar. Nur manchmal kokelt es vor sich hin, nachts, wenn die Arbeiter am Feuer schlafen, oft betrunken.

Einigen bleibt das Feuer verwehrt. Die sieben Unverbrennbaren, das sind: Kinder, *Sadhus* – asketische Mönche –, Schwangere, Menschen, die an Pocken, Cholera, Lepra oder an einem Schlangenbiss gestorben sind. Sie kommen in den Fluss, mit einem Stein beschwert.

An den Stufen machen Männer im Morgengrauen ihre Boote bereit, für die letzte Reise der Toten oder um Touristen hinauszufahren auf den Fluss – »morning time view«. Geschäft ist Geschäft. Die Leichen stören die Lebenden weder an Land noch im Wasser, es sind nur noch leere Hülsen, Reste auf dem Weg zur Erlösung, Brennmaterial, Arbeitgeber.

Es ist sechs Uhr morgens. Die Toten drängen, und es ist Nummernwechsel. Jeder Morgen bringt eine neue Nummer, sagt Shiva Shankar. So nennen sie es hier. Alle haben Nummern. Die Priester, die Holzträger, die Feuerverkäufer, die Bettenbauer. Jeweils vierundzwanzig Stunden, von sechs Uhr morgens bis sechs Uhr morgens, berechtigt sie diese Nummer, am »Manikarnika Ghat« Geschäfte zu machen; weitergegeben von Generation zu Generation.

Am Morgen zahlen die Toten.

Die Arbeiter der Nacht fegen die Asche der vielen Feuer der letzten vierundzwanzig Stunden zusammen. Wundersame, wertvolle Totenasche. Arbeiter schieben die trägen Leiber der Kühe beiseite, die zwischen den Scheiterhaufen die Blumengirlanden fressen. Sie schlagen auf die verschorften Hunde ein, die sich um die Fleischreste balgen. Sie verscheuchen Kinder, die unter den brennenden Leibern Kohle zusammenscharren für zu Hause und die Reste bunter Tücher von den Leichen zerren, um sie am Markt zu verkaufen. Sie vertreiben Männer, die Totentragen zerlegen, um den Bambus zu verscherbeln, der zu Holzstückchen verarbeitet wird – für Eis am Stiel.

Nur der *Aghori* darf bleiben, der schmächtige Mönch, der sich hier jeden Tag nach dem Bad im faden Morgenlicht den nackten Körper mit der Asche der Toten einreibt.

Vor den *Aghoris* hat jeder Angst. Unberechenbare, heilige Männer, von denen man sagt, sie seien Kannibalen, die aus Totenschädeln Alkohol saufen und Menschenfleisch verschlingen, weil es Kraft gibt, heilige Energie. Shiva Shankar hat als Kind einen gesehen, der das Hirn eines Babys aß, dort unten, am Fluss.

Dann geht auch der *Aghori* davon, weil er sie nicht mag, die Unruhe des Morgens.

Jetzt machen die Arbeiter sich über die Asche her, über den Schmuck der Toten, zusammengeschmolzen und verkohlt: Nasenringe, Fußkettchen, Ohrringe und Siegelringe. Ein Eimer voll Asche nach dem anderen wird in den Fluss geschüttet, dann ausgewaschen. Das Wasser ist schwarz, ein paar Menschenknochen schwimmen auf der Oberfläche.

Was hier gefunden wird, gehört dem *Choudhury*, der in den vergangenen vierundzwanzig Stunden die Haupt-Nummer am »Manikarnika Ghat« hatte. Meist ist es der König, nur manchmal ein anderer. Die Goldwäscher sind ihre Vertrauensmänner. Und doch beobachten die *Choudhurys* sehr genau deren Hände, wenn sie sanft durchs Wasser gleiten.

Nur Munna Lal Seth weiß, wie viel die Wäscher in ihren Mündern verschwinden lassen, sagt Shiva Shankar.

Munna Lal Seths Laden liegt hinter den Holzstapeln, neben dem Haus für Menschen, die nach Varanasi kommen, um auf das Sterben zu warten. Shiva Shankar sitzt oft bei ihm und sieht zu, was die Wäscher aus den Mündern hervorzaubern. Am König vorbeigeschmuggelt. Munna Lal Seth hockt im Schneidersitz am Boden, vor sich Pinzette, Waage, Hammer, Taschenrechner. Alles ausgebreitet auf einem roten Tuch. Seit mehr als hundert Jahren lebt seine Familie von dem, was die Männer aus dem Ganges waschen. Er ist der Zwischenhändler, er macht aus dem Kleinzeug handliche Gold- und Silberbarren.

Nur der König kommt nicht zu ihm. Er, der am meisten aus dem Fluss holt, weil er die meisten Nummern hat, bringt die Funde selbst in den Markt.

Der Name des Königs ist Dom Raja Jagdish Choudhury, ein großer Mann, rund und jung, mit einem Mund voller Betelnusssaft. In der fahlen Vormittagssonne hockt er auf dem Boot und schaut den Männern beim Waschen zu. Mitglieder seiner Familie sitzen um ihn herum. Ein alter Mann massiert sie. Es ist sein Dank für die Kleidung, die ihm der König geschenkt hat. Orangefarbene Tücher. Totenkleider.

Der König sieht sich die Funde an, dreht kleine Ohrringe in seinen dicken Fingern herum, hebt einen Ring hoch, zerschmolzen und schwarz. Es ist kein guter Tag. Wenn der König spricht, legt er den Kopf nach hinten, damit der Betelnusssaft nicht aus seinem Mund läuft.

Die Menschen seien geizig geworden, was das Gold angeht. Und seit die Regierung am Harishchandra Ghat, dem zweiten Verbrennungsplatz der Stadt, ein elektrisch betriebenes Krematorium gebaut hat, gehe das Geschäft zurück. Aber das elektrische sei ein falsches Feuer, sagt der König.

Dann erhebt er sich und trägt den Schmuck des Tages hinüber in seinen Palast am Ufer des Ganges. Shiva Shankar nennt ihn »Tiger Palace«. Dort lebt der König, im Haus der Tiger, zwischen Kühen und

Kuhfladen, zwischen blinkenden Statuen der elefantenköpfigen Gottheit Ganesha und fleckigen Betten. Von der Terrasse glotzen zwei Gips-Tiger hinab auf den Fluss, die Königsmutter schaut Cricket im Fernsehen, und die Königskinder betteln um Stifte. Die Familie hat schon bessere Zeiten erlebt.

Und doch ist Dom Raja Jagdish Choudhury der König an diesem Ort, keiner zweifelt daran, nicht hier, nicht am »Manikarnika Ghat«. Die Zweifler wohnen auf der anderen Seite der Stadt, Welten entfernt.

Im vornehmen Tulsi Ghat sitzt Veer Bhadra Mishra, in feinstes Kaschmirtuch gewickelt, und macht sich lustig. Nirgendwo stehe geschrieben, dass diese Leute das Feuer verkaufen dürften, sagt er, der Abkömmling einer hochstehenden Familie aus der Kaste der *Brahmanen*. Nein, das Feuer habe keinen Preis, sagt er, während Gäste ehrfurchtsvoll seine Füße berühren. Er kenne viele *Brahmanen*, die das Feuer der *Doms* nicht nähmen, sagt Veer Bhadra Mishra. Warum also über so eine Unwichtigkeit reden? Dann ist die Audienz beendet.

Shiva Shankar lächelt, wenn er so etwas hört. Er kennt das Geschäft. Jeden Tag kommen die Menschen aller Kasten, die Unberührbaren ebenso wie die *Brahmanen*, und kaufen ihm sein Gesamtpaket ab.

An Shiva Shankar haben sie große und kleine Tote vorbeigetragen, stinkende und duftende. Er weiß, dass ein Körper drei Stunden braucht, um zu verbrennen. Er weiß, dass die Dicken, mit viel Fett im Körper, schneller verschwinden und Menschen mit schlechtem *Karma* schlechter brennen. Und er weiß, dass am Ende nichts übrig bleibt außer den Hüften der Frauen und den Brustkörben der Männer, Überreste, die in den Fluss geworfen werden.

Und keiner weiß so gut wie Shiva Shankar, dass der König der König ist, trotz des neuen Krematoriums. Nur die, die nicht ans *Karma* glauben, nicht daran, dass jede Tat ihre Folgen hat, gehen in die Elektrik, sagt Shiva Shankar. Dann schweben neue Tote vorbei an seinem Laden, immer neue, Totenstau am Nachmittag. »Rama Nam Satya Hai. Rama Nam Satya Hai.« Singen sie, sagen sie, flüstern sie. Vom ewigen Feuer duftet Taras Mittagessen herüber. Es gibt Arbeit, immer neue Arbeit.

Was schert Shiva Shankar da das Geschwätz am anderen Ende der Stadt. Das Geschwätz der *Brahmanen*, die sich lustig machen über die Geldgier der Unberührbaren.

Und noch etwas sieht Shiva Shankar jeden Tag: Wie auch die *Brahmanen*, die Mitglieder der Priesterkaste, am »Manikarnika Ghat« für ihre letzten Dienste an den Toten um den Preis schachern; wie sie vor jedem Reisbällchen, das sie rollen, vor jedem *Mantra*, das sie aufsagen, noch einmal hundert Rupien mehr fordern. Auch bei den Priestern steht geschrieben, dass sie keinen festen Preis verlangen, sondern nur eine freiwillige Entlohnung annehmen dürfen. *Sajja dan*.

Damit übernehmen sie die Sünden der Toten. Keine dankbare Aufgabe, man kann sich leicht vergiften an den üblen Taten derer, die gehen.

Es habe Priester gegeben, deren Körper sich schwarz verfärbten, manche seien verrückt geworden, als sie das Böse übernahmen, sagen die Männer am »Manikarnika Ghat«. Keiner kann sich je wieder reinwaschen von dem Sünden-Müll, selbst wenn er all die langwierigen Rituale absolviert. Ewig ist die Last, *sajja dan* angenommen zu haben.

Ihm aber machten sie nichts, die Toten, sagt Shiva Shankar. Nur in letzter Zeit haben sie ihn in seinen Träumen geärgert. Und nachts, in der Dunkelheit, bekommt er manchmal Angst, wenn ihre Leiber auf den Holzbetten aussehen, als würden sie sich zurechtlegen, wenn sie ihn anstarren mit sabbernden Mündern, wenn sich ihre Füße langsam aus dem Feuer herausarbeiten, dick und saftig, und ihre Hirnschalen in der Hitze platzen, noch bevor der älteste Sohn den Schädel zerschlagen kann, um die gefangenen Geister zu entlassen.

Wenn sie ihm zu aufdringlich werden, die Toten, geht Shiva Shankar hinauf in den kleinen Tempel und raucht mit ein paar *Choudhurys* einen Joint. Dann ist er wieder glücklich in seinem Reich. Manchmal schreit er dann Taras Namen einfach so laut über die Leichen hinweg, bis sie antwortet, mit einem groben Lachen.

Es ist Abend am »Manikarnika Ghat«. Die Bootsbesitzer verdienen jetzt mehr an den Touristen als an den Toten – »night time view«. Shiva Shankar sitzt auf dem kleinen Mäuerchen bei dem Fotografen, den man mieten kann für ein letztes Bild mit der Leiche. Sie unterhalten sich über das Geschäft und schauen den Toten zu, als es in Shiva Shankars Kopf plötzlich einen gewaltigen Plopp macht.

Vor ihm steht Virgir, der Ohrenputzer, und hält triumphierend die Pinzette hoch mit einem Holzspan, den er aus Shiva Shankars Ohr gezogen hat. Virgir kommt gern hierher ans »Manikarnika Ghat«, stellt sein kleines Köfferchen ab und macht sich an den Ohren der Leute zu schaffen. Es ist ein guter Platz für einen wie ihn, weil sich die Toten in den Ohren der Menschen festsetzen. Einmal die Woche kommt Virgir und holt den Dreck der Leichen wieder heraus.

So ist das, so war das, so wird es immer sein. Und in Shiva Shankars Kopf herrscht jetzt wieder Ruhe.

Als Costa ausgezogen wurde

Das schmutzige Geschäft mit dem Verschrotten auf dem größten Schiffsfriedhof der Welt

Der Tag, an dem Costa kam, war für Subodh Kumar ein Festtag. Es hatte etwas Beruhigendes, sie endlich in der Nähe zu haben. Selbst wenn sie ihn ruinieren würde.

Costa, das klang für ihn nach Stahlwänden und Großmotorteilen, nach Mahagonischreibtischen und Plüschteppichen, nach Navigationsgeräten, Messinglegierungen, nach Kochtöpfen, Seifenresten und Prilfläschchen. Costa, Costa. Als sie in der darauffolgenden Vollmondnacht auf sein kleines Büro zuraste und dann dumpf im warmen Sand stecken blieb, war Subodh Kumar so aufgeregt wie beim ersten Mal. Am nächsten Morgen, als das Wasser zurückgewichen war, ging er los, um sie auszuplündern.

Als Subodh Kumar wieder herauskam aus dem kleinen Loch, das in Costas gigantischen Schiffsrumpf hineingeschweißt worden war, hatte er die Farbe der Vergänglichkeit angenommen: rostrot mit schwarzen Ölschlieren. Er wusste jetzt, dass er auch nach Costa noch existieren würde. Dann schickte er seine Arbeiter los, um »sie auszuziehen«. So nennen sie das hier in Alang, wenn sie ein Schiff verschwinden lassen.

Ein paar Tage später ist Costa noch immer fast unberührt, aber Subodh Kumar ist bereits angeschlagen. Er sitzt in seinem Büro, an jener Stelle, die er »meinen Schreibtisch« nennt, zwischen Generatoren und Winden, Ankerketten, Schiffsuhren, Rettungswesten, Kabeln, Kühlschränken und Funkgeräten. Zwischen all diesen Überresten vergangener Träume hockt er und rechnet und hofft, dass der Untergang des einwandigen, sechsundzwanzigjährigen Tankers »Prestige« vor der spanischen Küste ein wenig Aufschwung bringt in das vor sich hin dümpelnde Geschäft mit den Wracks. Manchmal träumt er davon, dass von sofort an nur noch doppelwandige Rümpfe auf den Weltmeeren erlaubt sind, dass weltweit neue Bestimmungen eingeführt und all die einwandigen und veralteten Tanker aus dem Verkehr gezogen werden und zu ihm nach Alang kommen. Zu ihm: Subodh Kumar, Schiffezerstörer seit zwanzig Jahren, Großmeister im Zerlegen von Öltankern, Passagierschiffen, Eisbrechern und Kriegsschiffen.

Doch auch die Doppelhüllen werden ihn nicht retten. Sie werden zu spät kommen. Zu spät für die Weltmeere und zu spät für Subodh Kumar. Denn erst in einigen Jahren darf es keine einwandigen Schiffe mehr geben. In Momenten wie diesen versteht er seinen Sohn, der seit Jahren auf den Vater einredet, endlich aufzuhören mit diesem Geschäft, diesem Glücksspiel mit rostigen Schiffen. Der Sohn hat es satt, an diesem Strand zu leben, in dieser Apokalypse des Verfalls, die sie alle gefangen hält mit dem Versprechen, reich zu werden. Alang, der größte Schiffsfriedhof der Welt: vierzigtausend Arbeiter, mehr als hundertachtzig Verschrottungsbetriebe, Tausende von Händlern, die an der Straße, die ins Landesinnere führt, die Kleinteile verkaufen, insgesamt rund zehn Kilometer Schiffswracks, Giganten, die am Strand herumlungern wie gestrandete Wale, mit bloßen Händen ausgepumpt, ausgeweidet, von vorne scheibchenweise zerlegt, bis ein kleiner Rest gurgelnd im Wasser versinkt und der nächste Tanker mit der Flut an Land geschwemmt wird.

»Natürlich, dieses Geschäft ist wie Roulette«, sagt Subodh Kumar, »neunzig Prozent sind Glückssache. Ich schaue in die Bücher, dann kaufe ich es. Was hier ankommt, ist eine andere Sache. Da geht es einem wie der Hausfrau: Man muss mit dem leben, was zu Hause ist.« Dreimal war Subodh Kumar schon bankrott, ruiniert vom Schrott der Reichen. Von Stahlwänden erzählt er, die nur noch die Hälfte des einstigen Gewichts hatten, abgefahren, wegrepariert – ihn ruinierende Skelette. Er hat sich an das Auf und Ab gewöhnt, auch an den Staub und den Rost. An guten Tagen findet er Alang immer noch schön, wenn es nach Geld riecht und nicht nur nach verbranntem Plastik.

Er kann es nicht lassen. Schon sein Vater war im Stahlgeschäft, oben im Norden Indiens, in Kanpur, weit weg vom Meer. Es war im Dezember 1982, als der Sohn hier im Westen Indiens ankam. Damals, als an diesem Strand die Fische noch essbar waren, begannen ein paar Visionäre damit, in diesem Nichts eine Industrie aufzubauen, die hier noch keine war: Schiffe verschrotten. Der Ort war ideal, das Wasser tief genug für die größten Tanker, der Gezeitenwechsel so ausgeprägt, dass die Schiffe fast von selber strandeten, der Sandboden hart genug, damit die Giganten nicht wegkippten. Und die Schiffseigner aus dem Westen, denen das Zerlegen der altgedienten Pötte in den eigenen Ländern mit den dortigen Sicherheits- und Umweltauflagen zu teuer wurde, entdeckten die Dritte Welt als billige Abfallgrube für ihren hochgiftigen Schrott. Es war, als hätten sie aufeinander gewartet.

Damals kannte noch keiner die Regeln, und so kam es vor, dass die Eigner in Alang Schiffe ablieferten, die voller Überraschungen steckten: Da wurden Tausende Liter von Öl in diesen Ungetümen vergessen, das sie hier gierig herauspumpten und wie alles andere an das Land weitergaben. Indien – unerschöpflich in seiner Gier nach billigem Schrott. »Damals«, sagt Kumar, »haben wir hier alle Geld gemacht. Wir waren nur sieben Abwracker, nicht hundertsiebenundachtzig wie heute.« Es spielte keine Rolle, dass sie in Zelten schlafen mussten, dass es kein Wasser, keinen Strom, keine Straßen und nie genug Arbeiter gab. Es herrschte Goldgräberstimmung, und irgendwie hält dieses Fieber Kumar noch immer gefangen.

Dass die Schiffe auch andere Überraschungen bargen, haben sie hier erst später gehört: Schwermetalle, Asbest, kontaminierte Öle, krebserregende Stahllegierungen, algenvernichtende Anstriche, Tributylzinnverbindungen, polyzyklische aromatische Verbindungen, Polyvinylchlorid. Die Götter und ein paar Chemiker mögen wissen, was das genau ist. Für Subodh Kumar ist es Geld.

In Alang sammeln sie Asbest mit den bloßen Händen ein und trocknen es neben ihren Betten. Es ist ein Privileg, dem Tod nahe zu sein. Vierzigtausend ungeschulte Arbeiter, meist Analphabeten, riskieren für zwei bis fünf Dollar am Tag ihr Leben, während sie die gigantischen Schiffe zerlegen und achttausend Tonnen Schrott pro Tag an das Land weitergeben – sieben Prozent der Stahlproduktion Indiens. Alang ist eine Goldgrube – und der gefährlichste Arbeitsplatz auf dem Subkontinent. Es gab Zeiten, in denen hier eine Beerdigung pro Tag stattfand.

Wer nicht im finsteren Labyrinth der meterhohen Hohlräume den Boden unter den Füßen verliert, von einem herunterfallenden Teil erschlagen oder von Explosionen zerrissen wird, hat gute Chancen, Krebs zu bekommen. Jeder vierte Arbeiter in Alang wird früher oder später die Asbestfasern spüren, die sich in seinen Lungen festgesetzt haben und ihn langsam töten. Fluchtwege, Helme, Sicherungen, Arbeitsunfallversicherung? Die meisten können sich nicht einmal Badeschlappen leisten.

In dem kleinen »Privatkrankenhaus« an der einzigen, zehn Kilometer langen Straße Alangs, klagen Patienten über ständige Kopfschmerzen und Schwindelgefühle. »Das ist die Anstrengung«, sagt Basudev. Achtzehn Jahre ist er alt. Seit einem Jahr arbeitet er in Alang, jetzt ist er in ein Feuer geraten und liegt auf einer Pritsche in diesem Zimmer, das sie Krankenhaus nennen. Eine Explosion, nichts Besonderes. Sie haben gerade den Maschinenraum zerlegt. Er hat Verbrennungen am ganzen Körper. Ein anderer Mann mit Kopfverband steht vor dem Krankenhaus. Er war am falschen Platz, als der Laster seine Hebebühne heruntergelassen hat. Kleinigkeiten. Man nennt das hier: Glück haben. Unter ihm schimmert der Sand in den Farben der Herbstkollektion: rostrot, graubraun, blauschwarz. Dort, wo die Schiffe noch nicht hingekommen sind, ist er einfach blassgelb.

»Wir haben das Wasser nicht dreckig gemacht«, sagt Subodh Kumar, der das Meer trotzdem meidet, »es ist nur aufgewühlt«. Er versteht sie einfach nicht, die Menschen im Westen. Erst schickten sie ihre Schiffe, und jetzt Leute, die ihnen sagen, dass sie die Finger von den Schiffen lassen sollen. Sie sehen sie hier nicht gerne, die Ausländer, die den schillernden Sand ausbuddeln, Fotos machen, Wasserproben entnehmen, Fragen stellen und sich die üblen Behausungen der Arbeiter anschauen, mit Masken vor den Gesichtern, weil selbst die staubige Luft ein giftiger Cocktail ist. Für Subodh Kumar gibt es mehrere Dinge, die »diese wunderbare Industrie« ruinieren: der steigende Dollarkurs, der fallende Stahlpreis, Greenpeace, die steigende Anzahl von Konkurrenzverschrottern, der »gierige Staat« und die Einführung so ruinöser Einrichtungen wie der »idiotischen Teepause«. Zwanzig Minuten täglich – eine kostbare Ewigkeit für eine Tasse Tee.

Dann hat er sie satt, die Fragen. Er geht aus dem Büro, steigt über Stahlplatten, Motoren und einen kilometerlangen Kabelverhau, meidet das Wasser und klettert eine fünf Meter hohe Leiter hinauf zu jenem Loch, das Haupteingang und im Notfall Fluchtweg für mehr als hundert Arbeiter ist: »Ein Dicker kommt hinter dem Loch nicht weiter«, sagt er, dann verschwindet er in Costa.

Finster ist es, und glitschig. Der Aufstieg scheint endlos zu sein. Es stinkt nach Öl und Rost. Später auch nach Schweiß. Mehr als fünfzig Grad hat es hier drinnen. Nach einer halben Stunde ist Subodh Kumar dort, wo er hinwollte – in der Mitte: »Das ist das Heiligtum, die Schatzkammer jedes Schiffes, der Maschinenraum«, sagt er und deutet hinein in die totale Finsternis, in der es nach Hydraulikpumpen und Schiffsmotoren riecht, für ihn das Kostbarste überhaupt. Irgendwo arbeiten hier Menschen, hämmern, stöhnen: Es klingt wie der Herzschlag Costas.

Da steht er also, Subodh Kumar, in diesem Brei aus Nass und Schatten, und lächelt, als ein ölverschmierter Arbeiter an ihm vorbeikommt, ohne Helm, ohne Schutzanzug, ohne Atemmaske, barfuß. Die wenigen, die Helme tragen, haben sie nicht festgeschnallt: »If man is falling, helm is falling first«, sagt Kumar. Er mag diesen Satz, sagt ihn jedes Mal, wenn wieder einer mit wackelndem Helm vorbeikommt. Früher, meint er, seien hier oft Feuer ausgebrochen, aber das sei jetzt vorbei. Als ein Arbeiter kommt, um ihm mitzuteilen, dass es brennt, nimmt er es gelassen. »Wir haben die nötigen Vorrichtungen.«

Dann geht er doch hinauf an Deck, um zu sehen, was los ist. Eine dunkelbraune Rauchwolke steigt auf, vorne, am Eingang. Einen anderen Weg hinaus gibt es nicht. Arbeiter rennen herum. Aus den Überresten der Nachbarschiffe schauen sie gelangweilt herüber. »Keine Sorge«, sagt Kumar. Dann kommt die Entwarnung. Er macht sich gar nicht erst die Mühe, zu erklären, dass Sicherheit ein zu vernachlässigendes Problem ist in Indien.

Tag und Nacht arbeiten sie am Schiff, viele schlafen an Bord, obwohl es verboten ist. Sie kommen vom Dorf, die meisten haben davor noch nie ein Schiff gesehen, sie sind aufgeregt, ungelernt – da passiert schon mal was. In der Küche, oben, bei den Mannschaftskabinen, liegen benutzte Kochtöpfe herum. »Forza Italia« steht an der Wand. Costa, dieser unförmige Öltanker, ist Italienerin. Mit dreitausend LDT, dem reinen Gewicht des Corpus, ist es eher ein kleines Schiff. Das verringert das Risiko eines Bankrotts, es verringert aber auch die Chance, reich zu werden. In ein paar Tagen wird der meistbietende Zwischenhändler mit seinen

Leuten kommen und alles ausräumen. Alles – so der Vertrag. Danach wird das Schiff von vorne her zerlegt, bis es verschwunden ist.

Ajay Modi ist einer von denen, die sich um die Inneneinrichtung kümmern. Bis zu einem Monat braucht er mit seinen Arbeitern, um ein Schiff leer zu räumen. Passagierschiffe und Schiffe, die gut geführt wurden, kosten ihn mehr. Auch er ist seit mehr als zwanzig Jahren im Geschäft. Am Anfang hat er mit Stahl gehandelt, aber das machen jetzt zu viele. Er hat sich auf Kabineneinrichtungen spezialisiert. In seinem Laden stehen Vasen, Geschirr, Nägel, Einweggläser, Farbeimer, Teppiche und eine Packung Jacobs Krönung aus den achtziger Jahren. Ajay Modis Haare sind hennagefärbt, an der rechten Hand trägt er einen gigantischen Goldring. »Wir müssen alles mitnehmen.« Plastik wird zusammengeschmolzen, aus dem Holz werden Möbel gemacht. »Falls Sie das erwähnen möchten, die schlechtesten Schiffe sind die russischen. Bei denen ist einfach alles schlechter, selbst die Maschinen.«

Niemand weiß, wie viele Uhren, Lampen, wie viele Küchen und Toiletten, wie viele Rettungsringe und Kompasse von Alang aus ihren Weg zu einer zweiten Karriere angetreten haben. Siebzig Prozent der rund siebenhundert pro Jahr verschrotteten Schiffe aus der ganzen Welt werden in Indien zerlegt, davon die meisten in Alang. Das ist ein Haufen Material. Es gibt nichts, was nicht noch einmal verwertet werden könnte.

Das totale Recycling – »umweltschonend«, wie Subodh Kumar sagt, als er wieder festen Boden unter den Füßen hat. Dann fährt ein Traktor mit einem Anhänger voller Arbeiter vorbei. Sie sind schwarz wie die Maschinenräume. Und plötzlich bewegt sich die Erde unter einem. Der Strand ist ein Stück Schiff. Die Arbeiter genießen es, den Boden zum Wandern zu bringen. Sie lieben diese kleinen Scherze, auch deshalb, weil sie meist noch sehr jung sind. Menschenkräne mit Kindergesichtern, die singen, während sie gigantische Stahlplatten zu den Lastwagen tragen: die Galeerengesänge des 21. Jahrhunderts.

Der Tag, an dem Costa verschwunden ist, wird für Subodh Kumar ein trauriger Tag sein. Er wird alles zusammenrechnen, enttäuscht sein, das Geschäft verfluchen, den Plastikgestank in der Luft wahrnehmen, das Kratzen in der Lunge spüren, und er wird die Doppelwand für Tanker fordern – weltweit.

Doch dann wird in der Ferne, draußen am Horizont, eine neue Hoffnung auftauchen, und Subodh Kumar wird ganz automatisch von Stahlwänden und Großmotorteilen, von Mahagonischreibtischen und Prilfläschchen träumen.

Tempel des Zorns

Ein Besuch in Ayodhya, Indiens missbrauchter Kultstätte

Einmal erst war Singh Deo am Heiligtum. Weniger um zu beten, mehr aus Neugier. Ein paar Jahre ist das her. Wie so viele moderate Hindus, die hier in Ayodhya wohnen, meidet der Übersetzer das heilige Sperrgebiet. Er mag es nicht, stundenlang durch Gittergänge geschleust, von Soldaten abgetastet, nach Personalien gefragt und durch Metalldetektoren dirigiert zu werden. »Security problem«, sagt er und lässt sich dann doch überreden mitzugehen. Es ist ein Pilgerweg, gesäumt von Gewehrläufen. Dann übersieht Singh Deo auch noch fast das provisorische Heiligtum, den kümmerlichen Schrein, ein Bündel von Räucherstäbchen in einem Wald aus Absperrungen. Nur an Soldaten mangelt es nicht, auch nicht an Waffen.

Das ist also der Ort, an dem das säkulare Indien immer wieder auseinanderzubrechen droht. Von den Muslimen »Babri Masjid« genannt, von den Hindus »Ramjanmabhuni«: Geburtsort des legendären Hindu-Gottkönigs Rama, von Hindu-Fanatikern missbrauchte Kultstätte, Ausgangspunkt immer neuer blutiger religiöser Unruhen zwischen den zwei größten Religionsgemeinschaften Indiens – ein schwer bewachtes Häufchen Räucherstäbchen. »Es gibt keinen traurigeren Ort in Indien«, sagt Singh Deo. Dann scheuchen ihn die Soldaten weiter. Menschentrauben sind hier verboten.

In der kleinen nordindischen Stadt Ayodhya ist Ausnahmezustand. Jeden Tag, jede Minute. Seit am 6. Dezember 1992 ein durch jahrelange Agitation aufgehetzter Hindu-Mob die 1528 an dieser Stelle erbaute Babri-Moschee mit bloßen Händen niederriss, ist ein Großteil des Achtzigtausend-Einwohner-Städtchens Sperrgebiet, umgeben von meterhohen Zäunen, bewacht von der Armee. Vom Staat besetztes Land, um das sich Hindus und Muslime seit dem Jahr 1885 immer wieder vor diversen Gerichten streiten. Bislang ohne Ergebnis. Niemand weiß, was passiert, wenn dieses Stück Indien einer Seite zugesprochen wird.

Als Singh Deo wieder draußen ist, vor der Absperrung, bieten Kinder Heftchen an mit Bildern der Zerstörung. Werbebroschüren des Hasses. Zweiunddreißig Farbfotos von triumphierenden Menschenmassen, die Umzäunungen einbrechen und die Kuppeln der vom Gründer der indischen Mogul-Dynastie Babur erbauten Moschee erklimmen. An diesem 6. Dezember wurde die Moschee mit Eisenstangen und bloßen Händen dem Erdboden gleichgemacht. Aus dem ganzen Land waren junge Männer zusammengekommen, aufgehetzt von Hindu-Eiferern, die die bis heute nicht bewiesene Behauptung im Land verbreiteten, dass an derselben Stelle zuvor ein Hindu-Tempel gestanden habe. Singh Deo sagt: »In fünf Stunden hatten sie das Ding auseinandergenommen.«

Es war der blutige Höhepunkt der »Ramjanmabhuni-Agitation«, einer von militanten Hindu-Fanatikern angeführten und von der Regierungspartei BJP des Premierministers Atal Bihari Vajpayee unterstützten Bewegung, die die Babri-Moschee missbrauchte, um mit antimuslimischem Gedankengut junge Männer aufzuhetzen. Ziel der nationalreligiösen Kampagne war, ein neues indisches Selbstwertgefühl auf der Basis von Hindu-Werten aufzubauen. »Hindutva«: die Renaissance des Hindutums, ein gefährliches Werkzeug in einem säkularen Land.

Nach der Zerstörung der Babri-Moschee folgte eine Welle der Gewalt in ganz Indien. Tausende wurden getötet, Zehntausende verletzt, Eigentum im Wert von vielen Millionen US-Dollar vernichtet. Kaum war in Ayodhya wieder Ruhe, brach im weltoffenen, kosmopolitischen Bombay eine Orgie der organisierten Gewalt gegen die muslimische Minderheit aus. Und so wurde Ayodhya, eine der sieben heiligen Städte des Hinduismus, Ausgangspunkt für immer neue religiöse Unruhen: Im westindischen Bundesland Gujarat brachen im Februar 2002 Unruhen aus, bei denen Tausende vertrieben wurden und Hunderte starben, nachdem Muslime einen Zug voller Hindu-Fanatiker, die aus Ayodhya zurückkehrten, anzündeten und sechzig Aktivisten bei lebendigem Leib verbrannten.

Natürlich, die Sache ist absurd. Das sieht auch Ram Chandra Paramhans so, der auf einer großen Matratze sitzt, die so riecht wie Wäsche, der man nie die Zeit gelassen hat, zu trocknen. »Wir Hindus sind sehr friedliebend, aber wir können die Gewalt der Muslime nicht einfach hinnehmen«, sagt er. Dann bietet er Tee an, lächelt freundlich und schiebt seine gesamte Büroeinrichtung beiseite – ein schwarzes Telefon. Die Sache ist kompliziert, er braucht Raum für seine Ausführungen.

Ram Chandra Paramhans ist Vorsitzender des Tempelbau-Komitees. Für ihn ist der 6. Dezember ein Tag der Freude. »Die Muslime haben in der Vergangenheit dieses Land überfallen und haben auf dem Geburtsplatz von Gott Ram eine Moschee gebaut. Wir bauen doch auch keinen Hindu-Tempel in Mekka.« Für ihn gibt es nur eine Lösung, genau an der umkämpften Stelle muss der Ram-Tempel gebaut werden. Von der Diskriminierung der Hindus im eigenen Land redet er, von der selbstzerstörerischen Toleranz seiner Glaubensbrüder und davon, dass nach dem Bau eines Hindu-Tempels Frieden herrschen wird zwischen Muslimen und Hindus. »Die Muslime sind sicher in Indien«, sagt er.

Nicht weit entfernt von Ram Chandra Paramhans' Haus sind fünfzig Steinmetze damit beschäftigt, den Wunsch des heiligen Mannes zu verwirklichen. Seit Jahren behauen sie hier Steine für den neuen Tempel. Die Hälfte sei schon fertig, sagt Sharad Sharma, Pressesprecher des Welt-Hindu-Rats (VHP) in Ayodhya, einer der Kampforganisationen der Hindus. Dass der Tempelbau die religiösen Gefühle der hundertzwanzig Millionen indischen Muslime verletzen würde, möchte er nicht hören. Für ihn geht es um die Rettung des heiligen Mutterlandes. Die Abkömmlinge der muslimischen Invasoren müssten lernen, dass sie erst Inder, dann Muslime sind, sagt er und spricht ganz im Sinne des VHP-Präsidenten Ashok Singhal, der den Muslimen vorwirft, Indien spalten zu wollen. »Ich bin stolz, ein Hindu zu sein. Der Ram-Tempel ist ein Symbol des Selbstrespekts. Er muss so schnell wie möglich gebaut werden«, sagt Sharad Sharma. Notfalls gegen den Willen des Staates und gegen ein mögliches Urteil zugunsten der Muslime. Notfalls selbst gegen den Willen der meisten Hindus.

Vorne, an den Ufern des heiligen Flusses Sarju, wo Ayodhya noch friedlich und heilig scheint, sitzen wie jeden Abend heilige Männer herum und starren in die Ferne, als sei ihre Seele gerade anderswo beschäftigt. Von Ayodhya sagen die Menschen, dass jedes Haus ein Tempel und jeder Tempel ein Haus sei. Die Grenzen zwischen Profanbau und Heiligtum sind hier fließend. Ein Tempel wurde zum Hotel, dafür wurde das ehemalige Fort mit seinen ganz und gar unheilig herausragenden Kanonenrohren zum Tempel: dem Hanuman Garhi, Heiligtum des Affengottes Hanuman und Herrschaftsgebiet von Mahand Gyan.

Der Mann ist fleischgewordene Heiligkeit. Auf einem Plastikstuhl sitzt er und lässt sich von einem Jungen die Füße massieren, während er an einer Uhr herumspielt, die zu seiner großen Freude immer wieder ein Lied herunterleiert, batteriegeschwächt jaulend. Mahand Gyan ist ein bedeutender heiliger Mann in dieser von bedeutenden heiligen Männern bevölkerten Stadt. »Diese Fanatiker sind keine wahren Hindus. Sie machen Politik, spalten unser Volk und missbrauchen unsere Religion«, sagt er, während er weiter an der Uhr herumspielt. »Keiner der bedeutenden Priester in Ayodhya steht hinter diesen Fanatikern, die meisten Heiligen sind gegen den Tempel. Diese Hardliner sind die Taliban Indiens. Und der VHP-Präsident Singhal ist die Personifikation von Bin Laden.«

Es gibt wohl keine andere Stadt in Indien, in der die verschiedenen Positionen derart hart aufeinanderprallen und in der so spürbar ist, was die indische Autorin Arundhati Roy einmal so ausgedrückt hat: »Wir entwickeln uns wie der Kopf eines Hammerhais, dessen Augen beim Wachsen immer weiter in entgegengesetzte Richtungen auseinanderstreben.«

Bei Anruf Schock

Eine Nacht in einem Callcenter am Rand von Delhi

Am Schlimmsten sind die gut gelaunten – vor den gut gelaunten Amerikanern hat Nishant Angst. Wenn sie richtig lustig drauf sind, reden sie und reden sie, viel und schnell und so, als ob sie zu Hause wären. Unverständliches Zeug sagen sie dann, wie »allrighdy«, das Nishant immer mit »already« verwechselt, oder »yo man«, wenn sie eigentlich »yes« meinen. Gut gelaunte Amerikaner stellen viel zu viele Fragen, erkundigen sich nach dem Befinden, oder sagen, wie vor Kurzem einer: »Hey Junge, ruf später nochmal an, ich schlafe gerade mit meiner Frau.«

Das sind die Momente, in denen Nishant am liebsten in sein Headphone schreien würde: Mister, hier spricht Indien, bei uns dürfen sich die Hauptdarsteller nicht einmal in den Bollywood-Filmen küssen. Oder einfach auflegen – das wäre schön, wenn er manchmal einfach auflegen könnte. Wie jetzt zum Beispiel. Es ist 17.30 Uhr, draußen dämmert es bereits. Arbeitsbeginn in Indien. Bis 3.30 Uhr morgens wird Nishant nun Amerikaner sein. Von jetzt an sind in diesem Büro Unterhaltungen auf Hindi verboten.

»Thank you for calling customer service«, der Zweiundzwanzigjährige leiert den Text herunter. Er wird diesen Satz in den nächsten zehn Stunden ein paar Hundert Mal sagen. Dann stellt er der Anruferin die üblichen Fragen: Kontonummer, Social

Security Number, Telefonnummer, Geheimzahl. Im Gegensatz zu Indien ist Amerika gerade erst aufgewacht und extrem schlecht gelaunt. Als Nishant der Frau sagt, dass er über den Kontostand ihres Mannes keine Auskunft geben dürfe, sagt sie »fuck you«. Dann ist Stille in der Leitung. Aber, wie gesagt, lieber ein schlecht gelaunter Amerikaner als ein lustiger. Zwar würde Nishant auch bei den schlecht gelaunten manchmal gerne auflegen, aber wenigstens reden die meistens nicht so viel.

Wenn es in diesem modernen, sauberen Gebäude von exlService in Noida, einer der in den frühen achtziger Jahren am Stadtrand von Delhi emporgeschossenen »Office Cities«, so etwas wie eine Todsünde gibt, dann die, aufzulegen. »Man muss sich durchkämpfen«, sagt Nishant, »wir werden hier ständig überwacht, die Teamleader können sich in jedes Gespräch einschalten. Und die Typen rufen sowieso nochmal an.« Dann schaut er auf die Reihe der Teamleader, die erhöht am Rand des Großraumbüros sitzen wie Wachpersonal. Die meisten sind nicht älter als er. »Sie korrigieren uns ständig«, sagt er, »wir lernen viel.« Nishant wird fürs Telefonieren bezahlt. An der Wand hinter dem Computer klebt ein Zettel, auf dem sein richtiger und sein falscher Name stehen: Nishant S. ist Norman S. Es ist gut, dass der Zettel da ist, man kommt sonst schnell durcheinander mit den Identitäten.

Nishant kann nicht klagen. Er durfte sich seinen neuen Namen selber aussuchen. Es gab nur zwei Bedingungen. Er musste wie sein indischer Vorname mit »N« anfangen, und es musste ein Name sein, den ein Amerikaner ohne Probleme aussprechen kann. Neben dem Zettel mit den Namen hängt eine Amerikakarte, auf der die US-Pacific-

Zone orange eingezeichnet ist, die US-Mountain-Zone grün, die US-Central-Zone rosa und die US-Eastern-Zone blau. An der Wand hängen fünf Uhren: Es ist vier Uhr morgens im orangen, fünf Uhr morgens im grünen, sechs Uhr morgens im rosafarbenen, sieben Uhr morgens im blauen Bereich – und 17.30 Uhr abends in Delhi. Die andere Welt tickt in mehrfacher Hinsicht anders.

Nishant trägt dem hier geltenden Dresscode entsprechend »Business-casual«-Kleidung: ein gelbes Hemd, Anzughose und eine dicke, golden glänzende Uhr am linken Armgelenk. Er ist einigermaßen stolz darauf, Agent in einem Callcenter zu sein. Dass er diesen Job noch nicht lange macht, kann man daran erkennen, dass er noch nicht raucht, trinkt und noch keine Tabletten schluckt. »Aber früher oder später fängt hier jeder damit an«, sagt Nishant, »die Arbeit ist extrem anstrengend. Und das mit der Nachtarbeit bringt einen wirklich völlig von der Rolle.« Nishant hat seine Schuhe ausgezogen, und seine Zehen spielen mit den Schnürsenkeln. Hier unten sieht man, dass er nervös ist – durchgehend. Selbst wenn er privat redet, sagt er in jedem Satz den Namen seines Gesprächspartners. Und obwohl er den Job erst seit ein paar Monaten macht, hat er vor ein paar Tagen zu seiner Mutter am Telefon gesagt: »Thank you for calling.« Freunde hat er schon viele verloren, wie alle hier. Und nachts schlafen kann er auch nicht mehr, wenn er einmal nicht arbeiten muss. Aber dafür ist er extrem lässig. Er spricht fließend Englisch mit amerikanischem Akzent. Sein Anfangsgehalt ist zwar nur ein Zehntel dessen, was man im Westen bekommt, aber es ist mehr, als sein Vater jemals im Monat verdient hat.

Sanjay Chuch ist Psychiater. Im Wartezimmer seiner Praxis in Delhi sitzen die Wracks der Globalisierung. Wenn Chuch sich diese jungen Menschen so ansieht, erschrickt er manchmal richtig. Doch als Psychiater verdient er ganz gut an denen, die da jeden Morgen verstörter aus den schönen, bunten Gebäuden der Callcenter herauskommen. In seiner Praxis sitzen fast ausschließlich junge, coole Leute und lesen amerikanische Magazine. »By appointment only«, steht auf Chuchs Visitenkarte. Er kann sich seine Patienten aussuchen, Mangel an Callcenter-Geschädigten gibt es offensichtlich nicht.

»Die meisten, die hier ankommen, sind ein psychischer Müllhaufen«, sagt Chuch, »dieser Job verändert die jungen Menschen in psychischer, emotionaler und sozialer Hinsicht. Ihre Arbeitspersönlichkeit können die meisten nicht mehr ablegen. Da geht man nicht raus und ist wieder Hindu.« Chuchs Klientel ist zwischen einundzwanzig und zweiunddreißig Jahre alt – die meisten haben bereits Stresssymptome: hoher Blutdruck, Schmerzen in der Brust, Schlafstörungen, Beziehungsprobleme und Persönlichkeitsstörungen. »Das kann nicht gut gehen, wenn man jeden Tag eine Rolle spielen muss, die nicht die eigene ist. Wenn ein Callcenteragent arbeitet, ist er ein Mensch mit einem anderen Namen, einer anderen Sprache und einer anderen Kultur. Und – sie arbeiten gegen ihre biologische Uhr an.« Dreißig bis vierzig Prozent der Callcenteragenten bekommen Probleme. Folge der Nachtarbeit ist nicht selten soziale Vereinsamung. »Das wird unsere Gesellschaft enorm verändern«, sagt Chuch.

»Ich kann richtig zusehen, wie meine Leute zu Amerikanern werden«, sagt Kamal Bagwa, eine der Direktorinnen auf Nishants Stockwerk. Sie ist noch jung, aber schon elf Jahre im Geschäft. Das ist ziemlich lange in einer Branche, in der sechzig Prozent im ersten Jahr wieder aussteigen. Es ist kurz vor 22.30 Uhr indische Zeit. Amerika ist aufgewacht. Stoßzeit. Alle hundertzwanzig Plätze in diesem Stockwerk sind besetzt. Wer jetzt auf die Toilette muss, sollte das auf eine der fünfzehnminütigen Pausen verschieben. Von der »Organisation« redet Bagwa, und davon, dass man sich hier um seine Mitarbeiter kümmert. Es gibt einen Tischtennisraum, ein Fernsehzimmer, Internet-Terminals für die Mitarbeiter, private Telefone, eine Kantine, ein Raucherzimmer, Ausbildungsräume. Manche Firmen gehen sogar so weit, ihren Mitarbeitern beizubringen, wie man sich richtig wäscht und mit Deostiften umgeht. Auf hausinternen Modenschauen wird vorgeführt, wie man sich anzuziehen hat – als Amerikaner.

Auch Nishant hat sich verändert. Das muss man auch, wenn man Erfolg haben will als freundliche Stimme, die antwortet, wenn jemand in Amerika seine Bank anruft, um eine Überweisung zu tätigen oder das Kino um die Ecke, um ein Ticket zu reservieren. Reden kann der schüchterne Junge mittlerweile, man merkt nicht, wie in seinem Kopf das Programm herunterrattert: Opening – Connect – Solve Problem – Closing. Begrüßung – Vermittlung – Lösung des Problems – Verabschiedung. Das ist sein tägliches *Mantra*. Dann verschiebt Nishant von seinem Arbeitsplatz in Indien aus gigantische Summen auf amerikanischen Konten. Auf seinem Bildschirm bauen sich Zahlenreihen auf, über die er lieber nicht nachdenkt. Oder er reserviert Karten für einen Film, den er nie sehen wird, in einem

Kino am anderen Ende der Welt. Wenn alles gut geht, denken die Kunden, sie haben mit Amerika telefoniert. Wenn alles gut geht – wenn nicht in der Hektik alte Gewohnheiten durchbrechen und aus seinem antrainierten Englisch wieder »Hinglisch« wird und er zur Begrüßung das am Subkontinent übliche »yaar« sagt statt »Yo, what's up«. Die Kundschaft hört das nicht gerne, Indien mag den Westen als Mythos faszinieren, aber das Bankkonto weiß man lieber in guten, sprich westlichen, Händen.

Nishant wird für das Zuhören und das Reden bezahlt, aber er weiß mittlerweile auch, dass man bei beidem nur Fehler machen kann. Bevor er Kontakt aufnimmt mit der anderen Welt, geht er jeden Abend noch einmal die Regeln durch. Erstens: Der Kunde hat immer recht. Zweitens: Nie das Wort »really« benutzen, auch nicht während einer lockeren Unterhaltung. Für Amerikaner bedeutet das, dass man an der Ehrlichkeit des Anrufers zweifelt. Drittens: Immer darüber informiert sein, ob der Bundesstaat, aus dem der Kunde anruft, einer der sogenannten »no spouse states« ist, in denen es nicht erlaubt ist, finanzielle Informationen herauszugeben, nicht einmal an die Ehefrau. Viertens: Amerika ist eine »complaining society«. Wenn ein Amerikaner anruft, ist er mental darauf vorbereitet, zu gewinnen. Er ist latent aggressiv. Die meisten Anrufe sind Beschwerdeanrufe – aber aggressiv darf nur der am anderen Ende werden.

Fünftens: Amerikaner fluchen gerne, oft ohne Grund. Man darf das nicht persönlich nehmen. Sechstens: Homosexualität ist etwas Normales. Nishant hat wie alle hier von dem Fall eines Callcenteragenten gehört, der einen Kunden in Amerika anrief. Als am anderen Ende der Leitung eine männliche Stimme sagte, sein »Ehemann« sei nicht zu Hause, rastete der Agent aus. Er begann, unzusammenhängendes Zeug zu murmeln und legte auf. Wenn dieser »Ehemann« darin einen Akt der Diskriminierung gegen Schwule gesehen hätte, wäre das Callcenter in ernsthafte Schwierigkeiten gekommen. Der Agent auch.

Doch das wichtigste ist Regel Nummer sieben: Niemals und unter keinen Umständen darf man sagen, dass man Inder ist. Alles andere, aber nicht Inder: Bürger der größten Demokratie der Welt, Bewohner eines Landes mit mehr als einer Milliarde Menschen jeder nur denkbaren ethnischen Herkunft, Teil einer Zivilisation, die die Geburtsstätte von vier Weltreligionen und dreihundert Arten der Kartoffelzubereitung ist. Wenn ein Kunde nachfragt, von wo aus man anruft, wird man vom Arbeitgeber aufgefordert, zu lügen. Manche erfinden für sich eine neue Identität, eine neue Mutter, einen neuen Vater, ein neues Stammlokal, ein neues Lieblingsbuch und ein neues Zuhause in irgendeiner Straße in San Francisco. Mitten im Herzen eines Landes, in dem mehr als zwanzig Nationalsprachen und Hunderte von Dialekten gesprochen werden, ist es verboten, eine der eigenen Sprachen zu sprechen. Hier muss man nicht die heiligen Schriften der »Upanishaden«, sondern Zitate aus Eddy-Murphy-Filmen kennen und wissen, was in Atlanta gerade bei McDonald's im Angebot ist.

Es war die indische Autorin Arundhati Roy, die geschrieben hat, dass sich jeder einmal ein Callcenter ansehen müsse, um zu sehen, wie einfach sich die uralte indische Kultur dazu bringen lasse, sich selbst zu demütigen. Ein Volk, täglich damit beschäftigt, die eigene Nation in kleinen Klumpen auszuverkaufen. Was seine Englischprobleme mit der Globalisierung zu tun haben sollen, ist Nishant allerdings ein Rätsel. Er ist stolz darauf, dabei zu sein. Immerhin ist die Callcenter-Branche eine der wenigen, die noch boomt in Indien. Sparen will man auch in schlechten Zeiten. Und ein Agent in Delhi kostet trotz der enormen Nebenkosten für die wochenlange Ausbildung und trotz der internationalen Telefonate halb so viel wie ein Agent im Westen. Fünfzigtausend Menschen arbeiten momentan in der Branche. In den nächsten Jahren sollen eine halbe Million dazukommen.

Bewerber gibt es genug. Tausende stehen an, wann immer ein Callcenter Nachwuchs sucht. Die Tests sind extrem schwierig, nur fünfundzwanzig Prozent kommen durch. Der Rest ist »nicht trainierbar«, wie Siddhartha Talwar sich ausdrückt. Der Gründer des Trainingscenters Mindbank ist selber noch ein halbes Kind. Fünfundzwanzig Jahre ist er alt, und es klingt ein wenig altklug, wenn er sagt, dass man den Leuten erst einmal alles abtrainieren müsse, was sie gelernt hätten. »Das Wichtigste ist, dass sie mit ihren Indianismen aufhören, all die *Yaaars* und *Oiois*. Außerdem haben die meisten Inder eine miserable Aussprache. Doch das größte Problem ist die Grammatik. Es ist mir unbegreiflich, wie sie so schlecht werden konnte«, sagt Talwar.

Bei Mindbank in Noida sind die Räume in dezenten Farben gestrichen. Hier wird den Auserwählten die neue Identität antrainiert. »Das Wichtigste ist, dass sie wie Amerikaner denken. Sie müssen die US-Kultur in sich aufsaugen«, sagt Talwar. Mädchen in *Saris* und junge Männer in Anzügen lesen hier amerikanische Zeitungen, lernen Baseballtabellen auswendig, lernen, welche Blumen man wem am Valentinstag schenkt. Dann schauen sie sich Videos des Komikers Chris Rock an und schreiben mit, wenn er Sätze sagt wie: »They suck his dick.« Manchmal klatschen sie. »Viele hier wissen davor nicht einmal, was eine Lebensversicherung oder eine Kreditkarte ist. Sie sehen, wir fangen bei null an«, sagt Talwar. Dann klingelt sein Handy mit Vibrationsalarm. Der Glastisch und die chinesischen Paravents, die meterhohen afrikanischen Statuen und Jadevasen vibrieren mit. Hier hat es jemand geschafft und zeigt es auch.

Geschafft hat es bis jetzt auch Nishant. Es ist ein Uhr nachts in Delhi, 14.30 Uhr im blauen Bereich Amerikas. Der Inder nimmt den nächsten Anruf entgegen. »Allrighdy«, sagt eine Frau gut gelaunt. Unter dem Tisch krallen sich Nishants Zehen um die Schnürsenkel.

Der Göttin beflecktes Antlitz

Zwischen Leichen, Asche und Abwasser schlagen die Wäscher von Varanasi den Dreck aus den Kleidern

Im fauligen Licht des Morgens, wenn sie sich das erste Mal an Niranjans Beine schmiegt, wenn sie ihn umgarnt und die Haut an seinen Waden langsam mit roten Pusteln überzieht, betet er sie an. Doch im Lauf des Tages werden die Pusteln zur Tortur. Dann drischt Niranjan auf sie ein, »Ganga Mata«, heilige Mutter Ganges, die ihn füttert und mit Juckreizen quält, die er liebt und fürchtet. Um ihn herum läuft der tägliche spirituelle Zirkus, das Baden, das Beten, das Leichenverbrennen. Und dann der Gestank. Für eine Göttin verbreitet Mutter Ganges einen ziemlich unangenehmen Geruch.

Niranjan bekämpft mit seiner Hände Arbeit den Schmutz Indiens. Er schlägt ihn heraus aus bestickten Überdecken, verschwitzten Hemden, aus Socken, Unterhosen, Seiden-*Saris*. Er ist Wäscher am Ufer des Ganges. »Lali Ghat«, gesegnete Stufen. Was für ein Arbeitsplatz. An heiligerem Ort kann man sein Geld nicht verdienen. Jeder Hindu will hier sterben, in Varanasi, Benares, Kashi – bei welchem ihrer unzähligen Namen man diese Stadt auch benennen mag. Für Hindus ist die Verbrennung an diesem Ort eine Art »expressway to heaven«, mit ein wenig Gangeswasser bespritzt, ist es der schnellste Weg Richtung Erlösung.

Für Niranjan sind die Stufen hinunter zum

Fluss ein gigantischer Trockner. Und Ganges ist die Waschmaschine. Doch das Verhältnis zu seinem Arbeitsutensil ist gespalten. Wie sollte es anders sein: Den ganzen Tag steht er in ihr, bis zu den Hüften, »Ganga Mata«, Mutter Ganges, heilig, faulig – eine Kloake. Selbst ein Fall für die Reinigung.

Doch sagen darf man das nicht. Sonst starrt Niranjan einen an. Mit diesem Blick, mit dem er problematische Flecken begutachtet, bis er sie beseitigt, nach uralter Methode, mit ein wenig Ziegen- und Eseldung. So schaut er jetzt, dann taucht er seine Hand in den Fluss, den brackigen. »Ganga ist nicht dreckig, nimm sie in die Hand, sie ist nicht dreckig«, sagt er und trinkt *Gangajal* aus hohler Hand – heiliges Wasser, mystisches Getränk. »Wie sollten wir davon krank werden, da sind Dinge drin, die uns heilen. Wenn wir keine Probleme damit haben, dieses Wasser zu trinken, warum sollten wir dann Probleme damit haben, mit diesem Wasser zu waschen?«

Dann schiebt der Ganges still etwas an Niranjans Körper heran. Ein Schafskadaver, alle Viere von sich gestreckt. Manchmal bringt der Fluss ihm auch Menschen. Niranjan lacht über das Geschenk, den Gestank, schlägt weiter Kleider auf den Stein. Singt. Es kommt so vieles vorbei an einem Waschtag, da kann man sich nicht irritieren lassen. Oben stehen noch ein paar Esel, beladen mit Säcken voller Wäsche, wen interessieren da die aufgedunsenen Überreste. »Die Toten stören uns nicht«, sagt Niranjan. Damit meint er die Menschen, die vorbeiziehen Richtung *Nirwana,* halb verkohlt und aufgedunsen, weil der Familie das Geld für genügend Holz fehlte. Und er meint die Toten, die zwanzig Meter weiter verbrannt werden und als schwarzer Aschefilm um seine Beine wabern. Und er meint die Fische, die vorbeikamen, im Juli 2000, Tausende von ihnen, den Bauch nach oben. »Es war kein Problem, auch sie sind vorbeigezogen«, sagt Niranjan.

»Ganga Mata« – beladene Göttin, sie bricht in über viertausend Metern Höhe aus einer Eishöhle im Himalaya hervor, inmitten von Gletschern, die schneller schmelzen als alle anderen der Erde. Wenn sie verschwunden sein werden, wird ihrem Untergang zuerst Überflutung, dann Dürre folgen. Die Toten sind »Ganga Matas« kleinstes Problem. Es sind die Lebenden, die ihr Sorgen machen, die sich an sie klammern, sie umzingeln. Hundertvierzehn Städte liegen an ihr, saugen aus ihr, entsorgen in sie. Die meisten von ihnen haben mehr als hunderttausend Einwohner, fünf sind Millionenstädte, Kalkutta allein hat mehr als zehn Millionen Einwohner. Insgesamt leben vierhundert Millionen Menschen im Einzugsgebiet des Ganges. Das sind tausenddreihundert Millionen Liter Abwasser am Tag. Und da regen sie sich über das bisschen Lauge auf, das Niranjan dazukippt, um dieses Land fleckenfrei zu machen.

Niranjan steht da, schlägt einen *Sari* auf den Stein, singt, schlägt. Sein rundes Gesicht ist in Schweiß gebadet. Es gibt Menschen, die beschimpfen die Wäscher als Kriminelle, weil sie die Mutter verschmutzen. »Was sollen wir tun? Hast du eine andere Arbeit für uns, oder einen anderen Ort?« Fünfundzwanzig Jahre ist Niranjan alt. Er wäscht, seit er denken kann. Der Fluss ist sein Arbeitgeber. Was bleibt ihm übrig, als Angehöriger der *Dhobi*-Kaste. Sie waren schon immer zuständig für die schmutzige Wäsche Indiens.

Der nächste Ausfluss ist nicht weit von seinem Arbeitsplatz. Er kann ihn nicht sehen, nur riechen. An dreißig Stellen wird in Varanasi das Abwasser in den Fluss geleitet, eine braune Soße aus Exkrementen und Müll. Gleich daneben waschen sie sich ihre Sünden vom Körper: »Ganga Maiya Ki Jai – Ruhm und Verehrung der erhabenen Mutter Ganges.« Die Zahl der Kolibakterien ist hier bis zu fünfzehntausend Mal höher als erlaubt. Und dann all die Gerbereien, Chemiefabriken, Teppichwebereien flussaufwärts, die ihre Gifte ablassen. Der Anwalt M.C. Mehta klagte 1985 vor dem Obersten Gerichtshof in Delhi sein Recht auf Leben ein, nachdem er gehört hatte, dass der Ganges bei der Stadt Haridwar gebrannt hatte. Ein Fluss, der brennt: Im toxischen Abwasser zweier Fabriken reichte ein Funke, um ihn zu entzünden. Aus den Pumpen mancher Ortschaften hinter Varanasi kommt schwarzes Wasser – es sind Orte exotischer Hautausschläge.

Aber was kann er dafür. Niranjan, der nur seinen Vornamen nennt, weil er weiß, dass es illegal ist, Mutter Ganges zu verschmutzen mit Lauge, Nirma-Seife und Bleichmittel. Steuerfrei. Man hat sich arrangiert. Die Polizei kündigt ihre Razzien an, für ein paar kostenlose Reinigungen. Die Wäscher schütten Eimer voll bläulicher Mittel in den Ganges und geben sich Mühe mit den Polizeiuniformen. Es ist ein gerechter Handel. Einmal wollte die Regierung sich einmischen, da haben die *Dhobis* ihre Esel auf die Straßen gestellt – die Demonstration der Wäscher und ihrer Lasttiere führte zu einem Verkehrschaos. Man vergaß die Sache, um wieder voranzukommen. »Ganga ist auf Erden, um uns zu reinigen. Nicht wir, um Ganga zu reinigen. Sie macht das schon selber«, sagt Niranjan.

Das sehen nicht alle so. Veer Bhadra Mishra hat da eine andere Meinung: »Ganga ist nicht sauber. Was hier passiert, ist selbstmörderisch für unsere Kultur. Doch noch ist Zeit. Dieser Fluss hat eine unglaubliche Kraft.« Mishra ist hoher Priester des Sankat Mochan Tempels, Wasserwirtschaftler, selbst ernannter Retter des Ganges und einer der größten Feinde des von der Regierung 1986 begonnenen Ganga Action Plans (GAP), den Mishra ein »Disneyland fehlgeschlagener Technologien« nennt. »Sie haben die Medizin verordnet, bevor sie die Krankheit kannten. Als die Hälfte des Geldes ausgegeben war, sagte die Regierung, dass das halbe Problem beseitigt sei. Aber schauen Sie sich die Sauerei an.«

Er sitzt da, in weißes Leinen gewickelt und von weißen Kissen umgeben. Eine imposante Ansammlung von Wut: »Die Regierung will, dass wir draufgehen.« Dann fällt der Strom aus. Wie jeden Tag. Und wie jeden Tag werden die Klärwerke, Kanäle und Pumpanlagen des Ganga Action Plans stillstehen. In den fünf Monaten der Regenzeit werden sie sogar offiziell stillgelegt. Mishra hat ein Labor eingerichtet, das ihm täglich den Beweis für die Nutzlosigkeit des Ganga Action Plans liefert. Mit seiner Sankat Mochan Foundation hat er ein Gegenprogramm zur Rettung des Ganges entworfen. Es ist eine Lösung ohne Strom. Passiert ist nichts. Man bekämpft sich gegenseitig. Nur Ganga fließt weiter.

»Es gibt Menschen, die sind wie Fische im Wasser, sie können ohne Ganga nicht leben. Sie können nicht einmal in sie spucken. Wenn der Fluss weiter vergiftet wird, werden sie sterben. Diese Menschen sind eine bedrohte Tierart.« Und soweit man Veer Bhadra Mishra richtig verstanden hat, ist er selber Teil dieser bedrohten Spezies. Jeden Tag geht er zum Fluss, zum Bad. »Wenn ich nur Wissenschaftler wäre, würde ich das nicht tun. Aber für mich ist Ganga eine Göttin. Ich versuche zu vergessen, wenn ich in ihr bade. Aber wenn etwas Eigenartiges vorbeischwimmt, ist das schon komisch.«

Niranjan drischt auf seinen Stein ein. Wie sein Vater und sein Urgroßvater schon. Er kennt ihn nicht, den feinen Herrn ein paar *Ghats* weiter. Er kennt ihn nicht, den Ganges Action Plan, warum auch. Für den Fluss, sagt er, seien die Götter zuständig. Er liegt nicht im Aufgabenbereich der Menschen. Es ist Mittag, es ist heiß, gleich nebenan zündet ein Mann die Leiche seiner Mutter an. Niranjans Beine sind ein einziger Juckreiz. Und dann die Sonne, die von oben quält. Im Winter ist es die Kälte. »Es ist eine furchtbare Arbeit«, sagt Niranjan. Dann holt er Gewänder aus der Lauge, schlägt sie auf seinen Stein, mittlerweile stöhnt er bei jedem Schlag. Wenn sie es wüssten, die Frauen der indischen Mittelklasse, die ihre Kleider zur chemischen Reinigung geben, für ein paar Rupien mehr, aber dafür bekommen sie ihre Unterwäsche ohne die Asche der Toten zurück – glauben sie. »Chemisch gereinigt? Liegt da hinten«, sagt Niranjan. Lächelt. Die teuersten *Saris*, Benaresseide, ausgebreitet auf Stufen, über die der Wind ein wenig Asche und kleine Knochen weht.

Im diesigen Licht des Abends, wenn sich »Ganga Mata« das letzte Mal an Niranjans Beine schmiegt, wenn sie ihn umgarnt und die Haut an seinen Waden eine glühende Hölle ist, verflucht er sie. Mutter Ganges, von der es in jahrtausendealten Texten heißt, dass sie, wenn es der Untaten zu viele werden, versiegen wird, um ihre Reinheit zu bewahren.

Die Nacht, in der die Vögel vom Himmel fielen

Bhopal – eine Stadt im Schatten der Katastrophe

Die Augen sind reiner Schmerz. Also schließt er sie, sooft er kann. Es ist besser so.

»Zur Hölle mit diesen Leuten, sie haben mit uns gespielt«, sagt der Mann mit den geschlossenen Augen. Dann macht er sie auf und gleich wieder zu. Sein Name ist Swaraj Puri, und sein Büro riecht nach süßer, klebriger Vanille. »Wenn sie uns gesagt hätten, was es ist, dann hätten wir nicht so viel falsch gemacht«, sagt Swaraj Puri, legt seinen Kopf in den Nacken, tröpfelt etwas hinein in das wilde Brennen, reibt ein bisschen, blinzelt, tropft noch einmal. Dann ist Ruhe.

Es dauert, bis Swaraj Puri die Augen aufmacht. Seine Lider sind geschwollen, dazwischen zwei Bälle, kirschrot. »Wie das Blut von Cyanidopfern«, er kichert, genießt den schmerzfreien Augenaufschlag. Es ist jedes Mal ein Geschenk. Er sitzt hinter seinem gigantischen Schreibtisch, Swaraj Puri, ehemaliger Polizeipräsident der Stadt Bhopal. Ein stattlicher Mann mit einem stattlichen Tisch. Links stehen die Insignien seiner Macht, ein weißes, ein rotes und ein dunkelblaues Telefon, rechts die Medikamente.

Er redet nicht über seine Augen, er redet auch nicht über seine kaputte Lunge, die ewige Atemnot, den Magen, der keine Gewürze mehr verträgt, über den Blutdruck, der in absurden Tiefen herumdümpelt. Er redet über die Wolke, die sich in jener Nacht graublau über der schlafenden Stadt ausbreitete und langsam ihre Bahn zog. Erst Richtung Westen, dann Richtung Südosten, immer mit dem Wind, über die Armenviertel, den Bahnhof, die Altstadt, die Seen, über diese Stadt, die sie das Bagdad Indiens nennen, voller Paläste, Moscheen, Parks. Puri hat die Bahn der Giftgaswolke im Computer nachgezeichnet, es sieht aus wie der Heimweg eines Betrunkenen.

Es war die Nacht, in der die Vögel tot vom Himmel fielen, die Bäume ihre Blätter verloren und sich in den Gängen der Krankenhäuser die Leichen stapelten. Die Nacht vom 2. auf den 3. Dezember 1984 in Bhopal.

Swaraj Puri sitzt in seinem Büro, etwas außerhalb der Stadt. Er hält Abstand. In jener Nacht aber saß er mittendrin, in seinem Kontrollraum, ein bisschen erhöht, er konnte genau sehen, wie die Menschen versuchten, aus der Wolke herauszurennen, aus dem Schlaf gerissen, panisch, mit Augen wie Feuer, gelblichen Schaum spuckend, schreiend, nach Luft japsend. Eine halbe Million Menschen, die schlaftrunken durch die Nacht irrte, im Glauben, Chilipulver sei in der Luft oder eine Atombombe aus Pakistan sei herabgefallen. Sie rannten um ihr Leben und pumpten sich so das Gift noch tiefer in ihre Lungen.

Swaraj Puri, zuständig für Gesetz und Ordnung, wusste so wenig wie alle anderen, was das war, dieses graublaue Monster, das sich in mehreren Schichten vorwärts schob und sie umfing, kurz nach Mitternacht. Es gab keine Sirenen, keine Informationen, keinen, der den Exodus stoppen konnte, keinen, der jemals von Methylisocyanat oder Cyanid gehört hatte oder das Gegengift kannte: Sodiumthiosulfat. Heute schreien einem die Kinder der Stadt diese Wörter entgegen, damals standen sie nicht einmal im Sicherheitshandbuch der Fabrik.

Als Swaraj Puri das Sterben nicht mehr ertragen konnte, ging er dorthin, woher die Wolke kam – zu Union Carbide. Zu der »schönen Fabrik«, wie die Ingenieure in Charleston sie bezeichneten. Mitten ins Herz Indiens haben die Amerikaner ihr Wunderwerk gestellt, mit dem Versprechen, vierhundert Millionen indische Bauern zu erlösen, von Baumwollkapselwürmern und anderen Schädlingen. Von hier aus sollte die Dritte Welt von ihren Hungersnöten befreit werden, mit Säcken voller Gift, das die Bauern oft mit bloßen Händen auf ihren Feldern verteilten und von dem sie manchmal probierten, um die Mischung zu testen. Harmlos wie eine Schokoladenfabrik sollte die Pestizidfabrik sein.

»Mit jeder Rupie, die du für Sevin ausgibst, kannst du fünf Rupien verdienen«, das war der Slogan von Union Carbide für ihr Wunderpestizid Sevin. Von Leichen, die beim Abtransport tödliche Gase aushauchen, hatten sie nichts erzählt. Auch nichts von Versuchen, die hauseigene Toxikologen mit Methylisocyanat (MIC) gemacht hatten. Kein Wort davon, dass Ratten, die den Dämpfen ausgesetzt waren, zusammensackten. Zerstörte Atemwege, Blindheit, verbrannte Hautpigmente, Erstickungsanfälle, Lungenödeme. Die Ergebnisse waren so heftig, dass eine Veröffentlichung verboten wurde.

Als Swaraj Puri in jener Nacht im Fabrikgelände ankam, herrschte drinnen genau so eine Panik wie draußen. Keiner, der sagen konnte, was zu tun ist, wie die Opfer zu behandeln sind, was passiert war. »Wenn sie uns nur gesagt hätten, dass Wasser hilft und dass Rennen genau das Falsche ist, hätten Tausende nicht sterben müssen«, sagt Swaraj Puri und klickt an seinem Computer herum. Er hat die Katastrophe geordnet, hat sie in Grafiken zerlegt und in Diagramme gepresst. Er hält seit Kurzem Vorträge über »Desaster Management«. Er versucht, sie wenigstens so endlich unter Kontrolle zu bekommen, die verheerendste Industriekatastrophe der Geschichte. Aber es hilft nichts. Die Bilder bleiben.

Das Bild oben an der Kreuzung, vor der Mädchenschule, wo die ersten Neonlichter Bhopals leuchteten. Hell und strahlend. Und mitten im Licht eine junge Mutter, die in der Panik ihr Baby verlor. Swaraj Puri klaubte es ein paar Stunden später von der Straße auf, zertrampelt. Da fing es langsam an mit den Augen. Oder das Bild am Bahnhof, wo er am nächsten Morgen die Menschen vom Vorplatz wegscheuchen wollte, bis er merkte, dass sie tot waren, die Schlafenden.

Swaraj Puri trägt seitdem meist eine Sonnenbrille. »Bhopal Eye Syndrome« nennen sie dieses langsame Erblinden. Dann klappt er wieder seinen Kopf nach hinten, tropft, reibt, lächelt. »Ich versuche, mich einigermaßen normal zu fühlen in meinem kaputten System«, sagt er und blickt aus glühenden Augen. »Ich wünschte nur, sie wären ein klein wenig menschlicher gewesen. Ich wünschte, sie hätten die indischen Toten mit Würde behandelt und die indischen Opfer wie Menschen. Ich wünschte, man hätte ihnen eine Chance gegeben, einen fairen Prozess. Aber man hat sie ignoriert, vergessen«, sagt er und schließt die Augen.

Bhopal – das Gas hat sich in diese Stadt hineingefressen wie in die Augen von Swaraj Puri. Es zerfrisst sie von innen, tagtäglich, auch jetzt noch.

Rashida Bee zum Beispiel sagt: »Sie lügen uns ins Gesicht, all die Jahre. Wir müssen für jedes Stück Papier unser Leben riskieren.« Die Frauen um sie herum nicken. Ihre Männer sind zu schwach für die Arbeit, und ihre Kinder sterben langsame Tode. Wenn der Kampf um Gerechtigkeit in Bhopal ein Gesicht hat, dann das von Rashida Bee und Champa Devi Shukla. Sie haben in Delhi gehungert, vor der Firmenzentrale der Nachfolgefirma Dow Chemical in Amerika demonstriert, sie wurden verhaftet, reichten Klagen ein, bekamen Preise. »Nur weil wir kämpfen, passiert überhaupt etwas«, sagt Rashida Bee, und ihre goldenen Ohrringe wackeln. Bhopal, sagt sie, sei eine geteilte Stadt, weil Grenzen gezogen wurden, willkürlich, die einen bekommen Abfindungen, die anderen nicht. Das führt zu Neid und Hass. Und die Smartcards, mit denen sich die Opfer ausweisen können, viel zu viele wurden ausgegeben, nicht immer nur an Geschädigte.

Dann erzählt sie von einem Wall der Ignoranz, von dem schändlich billigen Vergleich, auf den sich Union Carbide und die indische Regierung vor Gericht geeinigt haben, vom Bhopal Memorial Trust Hospital, einem gigantischen, modernen Klotz außerhalb der Stadt, unerschwinglich weit für die meist armen, moslemischen Opfer. Finanziert mit dem Geld der Geschädigten. »Aber wie viele Überlebende haben sie da draußen gesehen?«, fragt Rashida Bee. »Wir werden da behandelt wie Bettler. Die schauen dich nicht einmal an, wenn sie dich untersuchen. Wenn Privatpatienten kommen, lassen sie uns stehen. Die Leute sagen, wenn du nicht mehr lange leben willst, gehe dorthin«, sagt Rashida Bee. Dann erzählt sie von giftigen Brunnen, krank machender Muttermilch, kleinwüchsigen Söhnen, unfruchtbaren Frauen und davon, dass man bis heute nicht wisse, was genau über sie kam, in dieser Nacht im Dezember.

Sie fühlen sich betrogen, von den Amerikanern, die sie vergiftet haben, und von der eigenen Regierung, die sie verraten und verkauft hat. Sie leiden und sterben, und die Täter schachern um die Zahl der Toten. Als ob es eine Rolle spielte, ob in jener Nacht dreitausend gestorben sind oder siebentausend. Eine genaue Zahl wird man nie erfahren, auch nicht, wie viele in den Jahren danach umkamen. Von fünfzehntausend spricht Amnesty International und von mehr als hunderttausend Menschen, die an chronischen Folgekrankheiten leiden. Zehntausende mehr oder weniger – sie kümmern sich ja nicht einmal um die Überlebenden.

Zwischen den Statistiken leben Menschen wie Ilahi Baksh, der Hunderte von Leichen weggeschafft hat an diesem 3. Dezember. Er ist einfach hineingefahren in die Altstadt, mit seinem Müllwagen, hat Leiber eingesammelt und vor die Stadt gebracht. »Vielleicht waren manche noch am Leben«, wer weiß das schon. Wenn er es gemerkt hat, hat er sie im Krankenhaus abgeliefert. Ohne Auftrag, ohne Schutz. Baksh hat dafür fünfhundert Rupien bekommen, neun Euro, die man ihm später vom Gehalt wieder abgezogen hat. Aber er hat das Gas eingeatmet, das ihm aus den Mündern der Toten entgegenschlug. Baksh sitzt am Boden seiner Wohnung, ein Strich von Mann, die Krankheit hat ihn ruiniert, wie so viele.

Oder Sunil, der ohne Nachnamen im Text genannt sein möchte. Sunil trägt eine Kappe mit der Aufschrift: No fear – keine Angst. In Wahrheit hat ihn die Angst nie verlassen seit jener Nacht, als er plötzlich aufwachte, weil die Augen so wehtaten, die Lunge explodierte. Am Friedhof der Hindus hat er seine Eltern und fünf seiner Geschwister das letzte Mal gesehen, dann war Chaos, Geschrei, Gerenne, und dieses ewige Erbrechen. Er war fünfzehn Jahre alt. Als er am Morgen zu sich kam, war er der Älteste in einer Familie mit drei Mitgliedern – und Vollwaise.

Fünfhundert Dollar hat Sunil für seine Schäden bekommen, für jeden Toten bekam die Restfamilie zweitausend Dollar. »Unsere Leben sind weniger wert als eure, weil wir arm und dunkelhäutig sind«, sagt Sunil. Von den vierhundertsiebzig Millionen Dollar, die Union Carbide nach jahrelangen Kämpfen an die indische Regierung gezahlt hat, sei bislang nur ein Teil bei den Opfern angekommen, sagt Amnesty International. Sunils Bruder hat Probleme mit den Augen. Die Schwester ist verheiratet. Es war nicht einfach, einen Mann für sie zu finden. Es hat sich herumgesprochen, dass die Frauen aus Bhopal keine Kinder bekommen, oder kranke Kinder, dass sie oft keine Menstruation haben und einen Körper, der nicht für die Arbeit taugt. Also zahlt man mehr, damit sie jemand nimmt.

Sunil lebt mit seinem kleinen Bruder in der »Witwenkolonie«, weit draußen. Es ist ein Ort für Übriggebliebene. An guten Tagen nennt er sich den »metrischen Fehlschlag der Familie«, weil die Dinge in seinem Kopf durcheinander geraten sind, ausgerechnet bei ihm, dem Ältesten. Dann lacht er. An schlechten Tagen redet er nicht. Es sind die

Tage, an denen er eine seiner vier hellblauen Tabletten vergessen hat und an denen die Wut ihn überfällt. Dann ist er nicht einmal im Garten glücklich. Im Garten von Terry.

Denn neben all den Medizinläden, die sich in Bhopal angesiedelt haben und in denen sie selbst mit wirkungslosen Tabletten gut verdienen an den Folgen der Katastrophe, sind auch Menschen wie Terry Allan in die Stadt gekommen. Sie ist Amerikanerin, Biobäuerin, und man wird das Gefühl nicht los, dass sie sich hier die Schuldgefühle für ihr Amerikanischsein abarbeitet.

Zweihundert Meter südlich der Fabrik, dort, wo damals die meisten sofort starben, hat sie neben dem Neubau für die kleine, private Sambhavna-Klinik einen Garten angelegt. Zwei Hektar heile Welt. Hier baut sie Heilpflanzen an für die Probleme, mit denen die Menschen kämpfen: Atemlosigkeit, Erschöpfung, TBC, Diabetes, Schilddrüsenprobleme. Sie hat Katzenminzepflänzchen für den Bauch und Gräser gegen Nierensteine. An guten Tagen vergisst Sunil in diesem Garten die Probleme in seinem Kopf. Dann pflanzt er und schaut einfach nicht hoch zur Abfackelungsanlage, den verrosteten Resten eines der Sicherheitssysteme der Fabrik, das abgeschaltet war – in jener Nacht. Er hat wie die meisten hier kein Geld, um wegzugehen. Seine Reparationszahlungen hat er wie viele gleich wieder an Betrüger verloren. Also arrangiert er sich. Sie haben gelernt, die Fabrik, die Mauer drumherum und das Sterben in der Stadt zu ignorieren. Manchmal hilft ihnen auch der Hass auf Warren Anderson, den damaligen Direktor der Fabrik, der sich nie einem indischen Gericht gestellt hat.

Der Ort ist eine Zumutung. Trotzdem besucht er ihn, so oft es geht. Er kann nicht anders.

T. R. Chauhan steht da, mitten im Rost. Er ist oft hier am Kali Ground. Schwarze, blutgetränkte Erde. Lange bevor Union Carbide an dieser Stelle die Fabrik baute, floss Blut von Geköpften in den schwarzen Boden. Chauhan sagt: »Diese Chemiefabriken sind der Teufel. Sie sind wie Tiger, die du mitten in die Stadt sperrst. Du brauchst einen sicheren Käfig, und du brauchst Dompteure, die gut trainiert sind. In Bhopal gab es weder einen guten Käfig noch trainierte Dompteure.« Dann klettert er eine Leiter hoch, hinauf in das Gestänge der verlassenen Fabrik, schiebt mit dem Fuß einen toten Vogel zur Seite und hebt etwas auf, etwas Glitzerndes, Kugeliges. Quecksilber. »Das ganze Gelände hier ist verseucht«, sagt Chauhan. Dann klettert er wieder runter, am toten Vogel vorbei. Es stinkt nach Chemie. Jahrzehnte später.

Vor dem Unfall war Chauhan Nummer 4121. Er war Arbeiter in der MIC-Fabrik. Seine Karte steckt noch immer im Eingangsbereich, gleich neben dem Labor, einer Müllhalde voller Giftflaschen. Bei Union Carbide galt es als Ehre, mit MIC zu arbeiten. Die Gehälter berücksichtigten das Gefahrenpotenzial. Voller Stolz trug Chauhan den Anzug mit den weiß-blauen Rauten, bis die Geschäfte schlechter liefen und ein Sicherheitsnetz nach dem anderen eingespart wurde. 1981 starb ein Kollege, die Arbeiter demonstrierten. Vergeblich. Das Kühlsystem wurde abgeschaltet, Abfackelungsanlage und Außensirenen eingespart. Chauhan fing an, die Fabrik zu hassen.

»Wir hatten ständig Probleme, mit unseren Augen, unserer Haut, sie haben uns als menschliches

Warnsystem benutzt«, sagt er und klopft auf das poröse Gestänge in der MIC-Anlage, auf die Ventile, die in jener Nacht herausschossen wie Sektkorken. Er kratzt an verrosteten Thermostaten und an dem Manometer, der kurz vor der Katastrophe auf 55 psi anstieg. Dann geht er zu dem gigantischen Stahltank, der rostig im Gras liegt. Tank 610. Er war mit zweiundvierzig Tonnen Methylisocyanat gefüllt, als die Hölle losbrach. MIC, eines der gefährlichsten Gemische, das die chemische Industrie jemals entwickelt hat. So explosiv, dass schon der Kontakt mit einem Wassertropfen ausreicht, um eine unkontrollierbare Reaktion auszulösen.

Chauhan kommt einfach nicht los von der Firma. In seinem Haus stapelt sich die Katastrophe. Er lebt zwischen Bergen von Papier, die in jeder Regenzeit wieder schimmeln. Listen mit Chemikalien, der Report von Union Carbide, in dem als Unfallursache Sabotage eines Arbeiters vorgeschoben wird. Chauhan und seine Kollegen warten immer noch auf ein Urteil, sie haben nie eine Abfindung bekommen, als die Firma schloss. Er hat ein Buch geschrieben, »Bhopal – The inside story«. Einen Verleger hat er nicht gefunden. »Wie können wir aus der Katastrophe lernen, wenn wir nicht wissen, was genau passiert ist?«

Chauhan starrt auf Tank 610. Gleich daneben liegt Tank 611, den sie in letzter Minute noch sichern konnten. Er klettert auf das rostige Ungetüm. »Hier wurden tonnenweise Chemikalien vergraben. Dieses Land schwimmt im Gift«, sagt er, zeigt eine Betonwanne, voll mit schwarzer Brühe. Gleich daneben sind Kinder und Schafe. Die Mauer um das Gelände ist an vielen Stellen zerfallen, gleich dahinter Armenviertel. Hier trinken die Menschen seit Jahren giftiges Wasser. Aktivisten kämpfen bis jetzt vergeblich darum, dass das Gelände gereinigt wird. Siebenundzwanzigtausend Tonnen verseuchte Erde.

Als er hinausgeht, durch das Tor, erzählen ihm die Aufpasser, dass sie da drinnen oft Beeren pflücken. Große, schmackhafte Beeren. T. R. Chauhan starrt sie an, schüttelt den Kopf. Dann schließt er die Augen, rot wie Kirschen.

Der im Text erwähnte Sunil hat sich im August 2006 erhängt.

Baby Halder buchstabiert die Freiheit

Wie es einem Dienstmädchen gelang, aus seinem Leben Literatur zu machen

Der erste Satz war wie eine Flutwelle. Er riss sie einfach mit, zerrte immer mehr Worte aus ihr heraus, krallte sich an ihren kleinen, geheim gehaltenen Schmerzkammern fest, bis sie sich öffneten, ließ die Mutter noch einmal verschwinden, den Vater noch einmal versagen, die Schwester noch einmal krepieren, den Mann noch einmal zuschlagen, alles noch einmal, dieses ganze verpfuschte Dasein. Bis es nichts mehr gab, was sie hätte erzählen können. Bis das Schulheft voll war.

So war das, als Baby Halder ihr Leben aufschrieb. Es war wie Durchfall, unbeherrschbar, schmerzhaft – und doch unglaublich befreiend. Es war großartig.

»Siehst du, ich schwebe heute noch weit über dem Boden«, sagt Baby Halder, lächelt scheu, dann rennt sie weg, kramt in der Küche herum, drückt sich in den dunklen Flur des Hauses, bringt Tee und Zucker und Milch und Kekse. Rennt hierhin und dorthin, möchte lieber bedienen, nicht reden. Was gibt es schon zu sagen, sie hat alles aufgeschrieben, und jetzt steht es in einem Buch – in ihrem Buch: »A Life Less Ordinary«. Ihr Leben, nachzulesen auf Bengali, auf Hindi, auf Malayalam und jetzt auch noch auf Englisch. In Indien ist das Buch zum Bestseller geworden und Baby Halder zum literarischen Überraschungsstar dieser Saison.

Die *New York Times* hat das Werk mit Frank McCourts »Die Asche meiner Mutter« verglichen.

Eine miserable Kindheit in Irland und eine miserable Kindheit in Indien.

»Ich hätte nie gedacht, dass meine Geschichte so viele lesen werden«, sagt Baby Halder, stützt sich auf das Sofa, fluchtbereit. Frank McCourt, Bestseller? Sie weiß nur, dass sie in dem Armenviertel bei Delhi, in dem sie ein paar Jahre lang eine Hütte mit ihren drei Kindern bewohnt hat, jetzt anders behandelt wird. Jemand hat sie im Fernsehen gesehen. Niemand aus dieser Gegend ist je im Fernsehen gewesen, hat Interviews gegeben, mit Ausländern gesprochen. Selbst ihr ältester Bruder verhält sich jetzt anders, wenn sie ihn besucht. Nicht, dass er das Buch gelesen hätte, aber sie bekommt Tee, wenn sie bei ihm vorbeischaut. Und als sie im Januar zur Buchmesse nach Kalkutta gefahren ist, um über ihr Buch zu reden, das gerade auf Bengali erschienen war, wurde sie in der Hütte des Vaters behandelt wie ein Gast.

Der Vater, schon immer war er ein Vagabund, ließ seine Frau mit den vier Kindern monatelang allein. Als hätte er sie vergessen, einfach so. Kein Geld, kein Anruf. Bis die Mutter eines Tages mit dem jüngsten Sohn zum Markt ging und nicht mehr zurückkam. Vier Jahre war Baby Halder alt, als die Mutter verschwand und das Zusammenleben mit einem Vater begann, den die Kinder nicht kannten und den sie fürchteten. Es gab mehr Schläge als Essen. Später schlug dann auch die Stiefmutter zu.

So war das, als Baby Halder noch kein Star war. Nur in der Schule war sie glücklich, schreibt sie.

»Baby, wir sind wegen dir gekommen, setz dich

zu uns«, sagt Urvashi Butalia, klopft leicht auf das Sofa neben sich. Baby Halder setzt sich, widerwillig, zappelig, spielt an ihren Armreifen herum, zweiunddreißig Jahre ist sie jetzt alt. Urvashi Butalia ist Chefin des Verlags Zubaan Books, in dem Halders Buch jetzt auch auf Englisch erschienen ist. Sie ist eine kleine, kämpferische Frau, die schon lange genug mit Literatur in Indien zu tun hat, um zu wissen, dass in diesem Land vieles möglich ist. Sie hat gesehen, wie sich Frauen als Autorinnen durchsetzten und ihre Texte zu einem der »lebendigsten Segmente des literarischen Lebens« wurden. Sie hat miterlebt, wie sich Anfang der Achtziger voller Kraft die Unberührbaren zu Wort meldeten, die *Dalits*. Aus dem indischen Kastensystem ausgeschlossen, für unreine Arbeiten missbraucht, schrieben sie ihre Lebensgeschichten auf. Gerade rechtzeitig zur Frankfurter Buchmesse sollen auch noch die Banditen und Terroristen des Landes gedruckt werden, sagt Urvashi Butalia. Aus dem Gefängnis hat Mithinga Daimary, Kämpfer für die Befreiungsfront von Assam (ULFA), einen Gedichtband geschrieben mit dem Titel: »Melodies and the Guns«.

Und jetzt dieses Mädchen, das mit einer schlichten und ungekünstelten Sprache sein Leben aufgeschrieben hat, eine kleine, alltägliche Geschichte mitten aus den Armenvierteln dieses Landes, wo es keine Toiletten gibt und keine Schamgrenzen, wo Alkohol und Armut Männer abstumpfen lassen, bis sie ihre Frauen misshandeln oder verlassen. Wo Familien ihre Kinder so früh wie möglich verschachern, um ein Maul weniger stopfen zu müssen. So wie Baby Halder, der man an einem Mittwoch das erste Mal einen *Sari* um den Kinderkörper wickelte. Zwölf Jahre war sie alt, als der Vater sie verheiratete mit einen Mann, der mehr als doppelt so alt war wie sie.

Es gab mehr Essen als sonst und viel Gelächter, weil die Braut so ungeschickt war, so naiv. Das war sie, die Hochzeit von Baby Halder. Sie wollte lieber mit den anderen Kindern spielen, sie wusste ohnehin nicht, was das bedeutet: heiraten. Drei Tage später wusste sie es, als sich ihr sechsundzwanzig Jahre alter Ehemann an sie drückte, ihren Körper betatschte, ihr wehtat. Ohne ein Wort, ohne eine Erklärung. Sie ekelte sich vor seinen ungepflegten Zähnen, seinem ungewaschenen Körper. Die guten Nächte waren die, an denen er sie nicht beachtete.

Dreizehn Jahre war Baby Halder alt, als ihr Bauch anfing zu wachsen, als er groß wurde wie eine Melone. Keiner, der ihr sagte, was da passierte. Der Mann, mit dem sie zusammenlebte, sprach kein Wort mit ihr, er verbot ihr, sich mit anderen Frauen zu treffen, das Haus zu verlassen, wortlos aß er, was sie ihm vorsetzte, manchmal schlug er sie. Als sie die Wehen bekam, schlief er weiter.

Es war wieder ein Mittwoch, als Baby Halder ihren ersten Sohn in den Armen hielt. Der Vater war nicht da, niemand aus der Familie war da. Sie hat die erste Geburt nur knapp überlebt.

»Wenn ich damals schon der Mensch gewesen wäre, der ich jetzt bin, wäre das alles nie passiert. Manchmal denke ich, das war jemand anders«, sagt Baby Halder, ihre Armreifen schlagen aneinander. Sie schaut Urvashi Butalia an, die Frauenrechtlerin. Butalia nickt und erzählt dann die Geschichte einer Kinderhochzeit, die eine Regierungsangestellte in Madhya Pradesch verhindern wollte. Es ist nicht lange her. Der Angestellten wurde von aufgebrachten Bauern ein Arm abgehackt. Alle in Indien wüssten, was jeden Mittwoch passiere, dem Glückstag für Kinderhochzeiten, sagt Urvashi Butalia. Aber Kinderhochzeiten sind ein Brauch, seit langer Zeit.

»Ich wollte alles aufschreiben, alle Ungerechtigkeiten. Viele der Frauen, die hier in den Häusern arbeiten, kennen das Buch. Es ist auch ihre Geschichte«, sagt Baby Halder. Sie hat die Dinge aufgeschrieben, nicht larmoyant, nicht weinerlich, nur voller Wut. Was wissen die Reichen schon davon, was es heißt, Frau in einem Armenviertel zu sein, wie es ist, von Männern angesprochen und belästigt zu werden, so lange, bis der Ruf der Frau ruiniert ist. Sie hat aufgeschrieben, wie ihre ältere Schwester gestorben ist, vom eigenen Ehemann erschlagen, vor den Augen der Kinder, wie die Familie des Ehemanns den Körper der Schwester beiseite schaffte und verbrannte, bevor man die Todesursache hätte beweisen können.

Baby Halder schreibt jetzt an ihrem zweiten Buch. Es ist ein Buch, in dem sie Fragen stellt. Sie will wissen, warum es so viele traurige Geschichten gibt. Dann schaut sie Prabodh Kumar an, er sitzt ihr gegenüber, grauer Bart, Brille. Er ist Baby Halders Arbeitgeber, er ist ihr Entdecker. Er war es, der sah, dass sie oben in seinem Schlafzimmer auffallend oft die Blechregale putzte, dass sie langsam und vorsichtig über die bengalischen Bücher wischte. Er war es, der beobachtete, wie sie ihren Kopf schräg legte, um zu sehen, ob es noch ging mit dem Lesen, das man ihr beigebracht hatte, bevor man sie als Braut verschacherte. Er war es, der sie beim Lesen erwischte und ihr ein Buch in die Hand drückte. Taslima Nasrins »Das Mädchen, das ich war«. Dann gab er ihr ein Schulheft und einen Stift und sagte: Schreib!

Prabodh Kumar ist ein ähnlich scheues Wesen wie Baby Halder. Auch er springt gerne auf, kramt irgendwo herum, entzieht sich dem Gespräch durch Abwesenheit. Er ist ehemaliger Professor der Anthropologie, Enkel des berühmten indischen Schriftstellers Prem Chand. Ein Leben lang war er Lehrer, er habe jeden Tag gesehen, wie Leben durch die Schrift verändert werden, sagt er. So wie bei Baby Halder. Man müsse ihnen nur die Angst nehmen vor den Worten. Noch nie hatte sie ein ganzes Buch gelesen, nie mehr seit der Schulzeit hatte sie Buchstaben zu mehr genutzt als zum Einkaufen. Und dann stand da plötzlich dieses Regal, voller Geschichten und Wissen. Es war wie eine Offenbarung.

Baby Halder nennt Prabodh Kumar *Tatusch*, Vater. Nie würde sie ihn verlassen, auch jetzt nicht, wo sie das erste Mal in ihrem Leben Geld hat, über das sie selber verfügen kann. Und Pläne. Sie ist trotzdem noch immer Dienstmädchen bei ihm. Sie will es auch bleiben.

Wer weiß, was geschehen wäre, wenn sie den Professor nicht getroffen hätte. Wer weiß, was aus ihr geworden wäre, nachdem sie sich mit ihren drei Kindern aufmachte, nach dreizehn Jahren Ehe, nach dreizehn Jahren Schweigen. Irgendwann ging sie einfach weg von diesem Ehemann, von dem ärmlichen Vorort Kalkuttas, in dem ihre Hütte stand, von dem schwachen Vater und der zänkischen Schwiegermutter. Weg von allem, was sie kannte. Es war eine Flucht, der letzte Ausweg. Fünfundzwanzig Jahre war sie alt, als sie sich in den Zug setzte und Richtung Westen fuhr, Richtung Delhi, drei Kinder im Arm und ein paar Rupien in der Tasche.

Sie weiß nicht einmal, ob der Ehemann je nach ihr gesucht hat. Nein, keinen Ärger empfindet sie ihm gegenüber, nicht einmal Wut. »Es war nicht seine Schuld«, sagt sie. Er war nicht erzogen, nie in der Schule. Er könne nichts dafür. So viele Eltern lassen ihre Kinder nicht zur Schule. Das wollte sie schon immer anders machen. Sie wird ihre Kinder in die Schule schicken, bis sie nichts mehr lernen können. Die Kinder kennen das, wenn Mama wieder damit anfängt, natürlich, Schule ist wichtig, das Wichtigste, sagen sie. Die Kleine ist jetzt zehn, sie sitzt in Schuluniform auf dem Bett in dem Zimmer, das die zwei Kinder mit der Mutter bewohnen, oben am Dach von Prabodh Kumars Haus. Ärztin will sie einmal werden, sagt die Tochter. Der dreizehnjährige Sohn will Ingenieur werden. Nur der älteste Sohn ist Baby Halder durchgerutscht, er sei zu sehr hineingeraten in die schlimmen Jahre, sagt sie, habe vom Vater immer Geld bekommen, habe bald sein eigenes verdient. Jetzt ist er neunzehn Jahre alt und Koch in einem Haus ganz in der Nähe.

Das ist für Baby Halder ihr größtes Versagen.

Den Rest hat sie geschafft. Sie war so stur und entschlossen, als sie aus Kalkutta wegging. Sie war noch immer ein Kind, aber es gab nur noch wenig, was sie überraschen konnte. Sie fragte sich in dieser fremden Stadt Delhi so lange durch, bis sie den älteren Bruder fand, diesen Bruder, der sie damals noch nicht so gut behandelte wie heute. Es gab keinen Tee, nur Vorwürfe, als sie mit den drei Kindern vor seiner Tür stand.

Sie suchte Arbeit, ging von Haus zu Haus, bat um eine Stellung als Dienstmädchen, wie Millionen anderer Frauen in diesem Land, ohne Arbeitsvertrag und Urlaubszeiten, den Launen ihrer Arbeitgeber ausgeliefert, hinter Mauern verschwunden. Sie schob die Kinder hierhin und dorthin, mietete eine winzige Hütte, suchte weiter nach Arbeit, kam zu Leuten, die sie den ganzen Tag arbeiten ließen und dann um Mitternacht noch von ihr massiert werden wollten. Menschen, die sich nicht darum scherten, wie viel Zeit sie für die eigenen Kinder haben würde, die sich nicht darum kümmerten, als ihr eines Tages die Hütte weggerissen wurde und ihre Kinder samt der paar Habseligkeiten auf der Straße standen.

Auch hier war die Welt voller Menschen, die taten, was bis dahin immer alle in ihrem Leben taten: sie als billige Arbeitskraft missbrauchen.

Irgendwann klingelte sie an einem Haus, das weiß gestrichen war wie ein griechisches Landhaus. Und vor dem Pflanzen wuchsen, ein winziger, blühender Garten. Vor dreizehn Jahren war Prabodh Kumar hierher gezogen, damals war Gurgaon noch eine kleine Stadt vor den Toren Delhis, in angenehmer Entfernung von der Hauptstadt, beschaulich, gemütlich. Jetzt ist es Boomtown, im Nachmittagsdunst ragen die Wolkenkratzer in den Himmel, in den Callcentern verkaufen Inder die Bahntickets für ganz England.

Als Baby Halder zu Prabodh Kumar kam, war sie endlich angekommen. Zuerst suchte sie ihren ältesten Sohn, den sie schon seit Monaten nicht mehr gesehen hatte, dann brachte sie ihre Kinder zur Schule, dann durfte sie lesen, dann bekam sie einen Stift und einen Block und eine Stimme. Der Rest ist Geschichte. Baby Halder ist das alles peinlich, dieses Gerede über sie. Sie weiß, dass das ihr Buch ist, ihr Erfolg, ihr Interview. Aber am liebsten würde sie sich jetzt den Wischmopp holen und einmal das ganze Haus durchwischen.

Dienstmädchen sitzen nicht am Tisch herum und geben Interviews.

Wer später stirbt, ist länger arm

Die Opfer der Globalisierung – warum die Bauern von Vidarbha ihre Pestizide selber schlucken

Wenn Bauer Janardhan Krushnaji Gundane den Feind treffen will, geht er hinaus auf seine Felder und schaut ihn sich an: den American Bollworm. Grün ist er und haarig, unersättlich auf seinem Weg zum Nachtschmetterling.

»Da, sieh ihn dir an«, sagt Gundane, reißt eine Samenkapsel auf, blickt hinein in das Gewusel, das sich in seiner Baumwolle ausgebreitet hat, starrt in das Gewürm, das sich vollfrisst an seinen Hoffnungen. Der asiatische Baumwollkapselwurm, Helicoverpa armigera. Sie nennen ihn hier »American Bollworm«. »Es ist fast so, als hätten sie uns den Wurm auch noch gebracht«, sagt Gundane. Sie sind hier in dem Dorf Dorli nicht gut zu sprechen auf die Amerikaner. Auf ihre eigene Regierung allerdings auch nicht. Und das Wetter – was soll man schon sagen.

Die Götter mögen wissen, warum sie ihnen alle Plagen auf einmal geschickt haben: den ewigen Regen, den Bollworm und die Amerikaner.

Dann wirft Janardhan Krushnaji Gundane die Baumwollkapsel hinein in sein schlammiges Feld, zwischen die kümmerlichen Pflanzen, die nur ein Drittel der Höhe haben, die sie um diese Zeit haben müssten. Voriges Jahr hatten die Pflanzen rostrote Blätter, es sah aus, als würde die Baumwolle bluten. Die Bauern haben getan, was ihnen die Vertreter der Saatgutkonzerne sagten. Sie spritzten literweise Kunstdünger und Pestizide auf ihre Felder, holten sich immer neue Dosen, auf denen Anweisungen stehen, die sie nicht lesen können. Unbezahlbar teures Gift. Geholfen hat es wenig. Es ist, als tränken die Würmer das Zeug gerne, sagt Gundane. Irgendwann tranken es dann auch die Menschen.

So ist das in der Region Vidarbha, in dem Bundesstaat Maharashtra, mitten in Indien. Die Bauern sterben, und die Würmer leben.

Mehr als 1054 Bauern haben sich seit Mitte 2005 in der Region umgebracht. Erhängt, ertränkt, vergiftet, um den Schulden zu entrinnen, der Ausweglosigkeit. 111 im August, 124 im September, 112 im Oktober. Ein Toter alle sechs Stunden. So geht das seit Monaten. Massenselbstmord als Protest, in einem der reichsten Bundesstaaten des Landes. Doch den Reichen in den Städten sei völlig egal, was da passiere im Hinterland von »Shining India«, sagt Jaideep Hardikar. Und noch etwas sagt er: »Die Modenschauen in Bombay interessieren in diesem Land mehr als die toten Bauern.« Er ist Journalist, oder vielmehr war er das einmal. Er ist schon lange kein neutraler Berichterstatter mehr, er ist Aktivist. Er bebt vor Wut.

»Das Einzige, was in Vidarbha boomt, ist die Beerdigungsindustrie«, sagt Hardikar. 1997 hörte er das erste Mal von Selbstmorden in der Region, 2003 fing er an, darüber zu schreiben. Mittlerweile hat er Preise für seine Arbeit bekommen. Für ihn sind die Bauern Ausgelieferte, eingesperrt in den Käfig der globalen Wirtschaft, von internationalen Konzernen missbraucht, von Geldleihern ausgesaugt, von der Politik vergessen. Jeden Tag einen Schritt näher am Selbstmord. Je nachdem, wie lange man es aushält, seiner Familie beim Hungern zuzusehen.

Sechshundertfünfzig Millionen Menschen leben in Indien von der Landwirtschaft. Mehr als neunzig Prozent von ihnen haben nicht einmal vier Hektar Land. Hardikar sagt, ihr Zustand sei erbärmlich. Sie essen wenig, sind krank, hoffnungslos, depressiv. Von Sklaverei redet er und von Körperverletzung. Manchmal verhaspelt er sich, weil es so viel Unrecht gibt. »Es ist einfacher, für ein Auto einen Kredit zu bekommen als für Saatgut«, sagt er, kritzelt Zahlen auf Zettel, die Preise von Saat, Dünger, Pestizid. Alles wird teurer. Nur eines ist gefallen: der Preis für Baumwolle. Das Leben, ein Minusgeschäft, und das, obwohl Hardikar die Arbeitszeit der Bauern noch nicht mitgerechnet hat. »Es wäre humaner, das Land zu bombardieren, dann würden sie schneller sterben.«

Er war gerade bei einem Yoga-Training für Bauern, von der Regierung finanziert – »the art of living«. Nicht Geld, sondern Stress sei das Problem der Bauern, sagt Maharashtras Ministerpräsident, die Opposition fordert stattdessen »art of giving«. Und die Bauern sterben. »Es ist die Regierung, die psychologische Beratung braucht«, sagt Jaideep Hardikar. Er will jetzt ein Buch schreiben, oder zwei. Stoff genug hat er.

In das Dorf Dorli hat die Regierung auch noch etwas anderes geschickt. Ein Säckchen Pestizid für jeden. Bauer Gundane sagt: »Sie geben uns einfach Gift. Aber wir werden uns nicht umbringen, wir werden kämpfen.« Einer der Männer, die um ihn herumstehen, hebt das geschenkte Säckchen »Vertidon« hoch. »Ecofriendly«. »Die Erde wird immer kränker, und unsere Pflanzen werden immer winziger«, sagt einer. »Bauern bringen sich um, weil sie die Natur nicht unterstützt«, sagt ein anderer. »Und die Regierung auch nicht«, schreit ein Alter.

In Dorli haben sie sich etwas anderes überlegt. Sie haben alle zusammen beschlossen, ihr Dorf zu verkaufen. Vierzig Lehmhäuser, zweihundertvierzig Hektar Ackerfläche, fünfhundert Stück Vieh, ein paar Karren und Bäume. Nur sechsundzwanzig Kilometer entfernt von einem der *Aschrams* Mahatma Gandhis. Es ist kein schlechtes Angebot.

Es waren auch schon Leute da, Journalisten, Politiker. Ein Ministeriumssprecher hat gesagt, man werde das Dorf adoptieren. Stattdessen hat man einen zehn Meter langen Schlammweg geteert. Die Bauern lachen, wenn sie ihre neue Straße zeigen, vom Regen geflutet. Ein paar Fremde haben sogar nach dem Preis gefragt. Dorli hat hundert Rupien für den Quadratmeter verlangt. 1,75 Euro.

»Wir wollen keine Almosen, aber so wie jetzt können wir nicht überleben«, sagt Gundane. Ein Baby schreit. »Wenn uns jemand kaufen will, soll er uns kaufen.« Die Männer nicken. »Sobald ein Angebot kommt, werden wir darüber beraten. Dann gehen wir nach Bombay oder nach Hyderabad«, sagt Gundane. Die Frauen kichern. Eine sagt: »Unsere Häuser sind aus Lehm, wer will so etwas kaufen?« Stille. Dann zeigen die Frauen die leeren Töpfe, die mit Moos bewachsenen Hütten. An den Rändern wachsen Pilze aus dem Lehmboden.

Gekauft hat sie also keiner. Aber es hat sich auch noch keiner in Dorli umgebracht. Irgendwie hat sie die Sache zusammengeschweißt. In Vidarbha ist das schon eine Erfolgsgeschichte.

Kishor Tiwari jedenfalls kennt schlimmere Geschichten. Er sagt, es sei wie eine Krankheit, das mit den Selbstmorden. Vor Kurzem hat einer vor den Augen eines Journalisten Pestizid getrunken, als ihm seine Frau sagte, es sei kein Essen mehr da. Ein anderer tötete sich vor der Bankfiliale, er hatte mit einem Angestellten wegen eines Kredits gestritten. Tiwari sagt: »Die meisten leben nur deswegen noch, weil sie nicht sterben.«

Er sitzt in seinem Büro in der Stadt Pandharkawda, zwei Stunden südlich von Dorli. Mitten im Baumwollgürtel, im Todesstreifen. Auf seinem Tisch zwei Telefone, Handy, ein kleiner Eiffelturm, Plastikuntersetzer von der Lufthansa. An der Wand Bilder der Götter Krishna und Ganesch und eine Landkarte der Region. Es ist eine Karte voller Totenköpfe, rechts eine Henkersschlaufe, darin die Zahl 1054. Das ist der Stand der Dinge.

»Wenn die Bauern so weitermachen, kommen wir ins Guinness-Buch der Rekorde«, sagt Tiwari. Er hat seine eigene Art, die Dinge auf den Punkt zu bringen.

Kishor Tiwari ist der Herr der Todeslisten. Er führt Buch über die Selbstmorde in Vidarbha, privat, mit eigenen Leuten, auf eigene Kosten. Er hat seinen Beruf aufgegeben, er kämpft jetzt für die Bauern. »Vidarbha Jan Andolan Samiti« heißt seine Organisation. Keine Spendengelder, keine Abhängigkeiten. Er und seine Leute fahren durch das Land, schreiben sich die Namen jedes Toten auf, sprechen mit Witwen. Man brauche nicht viel Geld, um zu helfen, sagt er. Den Rest erledigt er vom Büro aus: Er macht Terror.

Tiwari sagt: »Man muss zum Störenfried werden, sonst erreicht man gar nichts.« Täglich verschickt er die Selbstmord-Liste – weltweit. Er hat so viel Radau gemacht, dass Ende Juni Premierminister Manmohan Singh nach Vidarbha kam und sich die Misere ansah und Hilfspakete versprach. Dann verschwand er wieder. Gekommen ist wenig, bei den Bauern jedenfalls sei nichts angekommen, sagt Tiwari. »Aber fragt sie selber.«

Dann sitzt er im Auto und schaut hinaus aufs flache Land. Weißes Gold nannten sie die Baumwolle früher. »Schaut das aus wie Gold?«, fragt Tiwari, dann hält er in einem Dorf, geht in eine finstere Hütte, der Mann tot, die Frau abgemagert, ein Kind krank. »Chikungunya« nennen sie das Fieber. Wie eine zusätzliche Plage zieht es über sie her. Der ganze Körper Schmerz. Die Tochter stöhnt, ein Mann sagt, die Krankheit komme nicht von Mücken, sie komme von der Baumwolle, der genetisch veränderten, amerikanischen. Die Menschen nicken. So muss es sein.

Ganze Dörfer hat die Krankheit hingestreckt, gerade jetzt, wo es so viel Arbeit auf den Feldern gibt. Die Witwe flüstert von Schulden und Geldeintreibern. Die Männer um sie herum nicken und erzählen, dass es nur noch den teuren amerikanischen Samen gibt, den genetischen, vom Biotechnik-Konzern Monsanto. Man bekomme den alten Samen nicht mehr, kein Händler hat ihn noch, sagt ein Bauer. In der ganzen Gegend gebe es nur noch den »Bt«-Samen, den man jedes Jahr neu kaufen muss. Was haben sie alles versprochen, von doppelt so viel Einnahmen redeten die Verkäufer, von Würmern, die an der Baumwolle sterben. Besonders die jungen Männer haben sie gekauft, die Zaubersaat. Sie haben ihre Väter ausgelacht, die ein bisschen von allem anbauten und Kühe hatten und Essen. »Es waren nur Lügen«, sagt ein Mann.

Die Witwe schweigt. Ein Nachbar erzählt, dass

der Lehrer ihren Sohn aus der Schule geworfen hat. Weil er keine Uniform mehr hat. Sie hat das Geld nicht. Tiwari verdreht die Augen, stöhnt, rauft sich die Haare, bis die Leute lachen. Es ist seine Aufmunterungs-Show. »Ich werde dir eine Uniform bringen«, sagt er.

Erst im Auto explodiert er, schimpft über die Dummheit des Lehrers, die Verlogenheit der Politiker, die das Geld unter ihresgleichen verteilen, über die Korruption der Polizei. In Amerika bekämen fünfundzwanzigtausend Baumwollfarmer vier Milliarden Dollar Fördermittel. Die Ineffizientesten, aber sie drücken weltweit den Preis. Und hier? Statt die Preise zu stützen und Bauern zu subventionieren, schwatze die Regierung ihnen mit den internationalen Multis auch noch diese verdammten »cash crops« und die teure, genmanipulierte »Bt«-Saat auf, samt Kunstdünger und Pestizid. Früher hatte ein Bauer wenigstens Essen. »Aber es gibt keine Hirse mehr, keine traditionellen Pflanzen, keine Kühe. Es gibt kein Futter mehr für die Tiere und keines mehr für Menschen.« Manchmal verzweifelt er an diesem Land.

Dann klingelt sein Mobiltelefon, er muss ein Interview geben, er hat ein paar deutliche Sachen über Politiker gesagt. Vor dem Autofenster schweben Baumwollfelder und Sojabohnenfelder vorbei. »Cash crops«. Tiwari wird lauter. Wo es denn sei, das versprochene Geld aus Delhi, fragt er. Er sehe es nicht. Es stünden halt keine Wahlen an, da interessieren die Bauern keinen, sagt er, legt auf, erzählt von der Klage, die er gegen den indischen Staat führt, für das Recht auf ein menschenwürdiges Leben. Dann klopft er gegen die Scheibe: »Da, alles Monokultur, tote Böden, die Farmer arbeiten mit dem chemischen Anbau gegen die Natur. Sie spritzen ungeschützt und viel zu viel, aber das sagt ihnen keiner, weil die Händler so mehr verkaufen. Und die Schädlinge leben. Baumwolle ist eine so verflucht empfindliche Pflanze«, sagt er.

»Grüne Revolution«, das ist für Tiwari verlogenes Geschwätz. Mit Hochleistungssaatgut und Maschineneinsatz sollte die Nahrungsmittelproduktion gesteigert werden. Bäuerliche Subsistenzwirtschaft galt als rückständig. Die Wundersaat kam in den Achtzigern. Anfangs ging es auch gut. Aber dann wurden die Schädlinge resistent, neue Gifte kamen, sie wurden wieder resistent, es kamen Pestizide der dritten Generation, dann der vierten, immer teurer. In den Neunzigern fielen die Preise für Baumwolle, und die Bauern fingen an, Chemikalien zu mischen, bis zu dreißig verschiedene. 2002 kam das BT-Baumwollsaatgut auf den Markt. Die Ersten begingen im Bundesstaat Andhra Pradesh Selbstmord. 2003 brachten sich in ganz Indien 17.107 um. Zeitungen schrieben von den »killing fields«.

Dann hält der Wagen wieder. Es ist schon dunkel, als Kishor Tiwari durch das Dorf Maragoan-Son geht, zur Hütte von Suresh Sardar Chavan. Es war der 15. September, als Chavan zu dem Bach hinter seinem Haus ging und ein Glas mit Pestizid trank. Dann wankte er zurück zu seiner Hütte, fiel zusammen, der ganze Körper ein Krampf. Es war fünf Uhr am Nachmittag. Seine Frau stand vor ihm. Nachbarn brachten ihn ins Krankenhaus. Suresh Sardar Chavan war tot, als er dort ankam. Er war fünfunddreißig Jahre alt. Für Tiwari ist er Nummer 875.

Vor der Hütte sitzt die Witwe mit ihren zwei Kindern und der Schwiegermutter. Achtzehn Jahre waren sie verheiratet. Jetzt hat sie ihr Mann zurückgelassen mit drei hungrigen Mäulern und fünfzigtausend Rupien Schulden. Achthundertachtzig Euro. Niemals hat sie so viel Geld gesehen. Sie wird auf fremden Feldern arbeiten, für vierundvierzig Cent am Tag. Die Schuldeneintreiber haben sich schon gemeldet. Weil sie nicht zahlen kann, wollen sie das Land. Was sonst. Erst kam die Augenoperation der Tochter, den Rest hat die Baumwolle gefressen.

Keiner hier bekommt noch Geld von Banken, mit anständigen Zinssätzen. Nur die privaten Geldleiher vermehren sich wie die Schädlinge. Sie wollen das Doppelte zurück. Doch die Baumwolle wächst nicht, der Wurm ist schon drin, trotz Gift. Den Rest hat ihr Mann getrunken. Nachbarn zeigen die Tüte »Avaunt« von DuPont. Die Witwe schweigt, schaut auf den Boden, wie es sich gehört.

Man hat einen Plastikstuhl gebracht, und Kerzen. Das ganze Dorf steht um Tiwari herum, sie hören ihm zu wie einem Heiligen. Als er fragt, wie viele sich im Dorf schon umgebracht haben, weiß es keiner. Drei, oder fünf? Er spricht ins Dunkel, dass der Selbstmord keine Lösung sei, dass sie lieber »Gandhigiri« machen sollten. Sie sollten Girlanden um die Hälse der Geldleiher hängen, die sie ausrauben, sie sollten die Füße der Politiker salben, die sie anlügen und vor den Bildern des Agrarministers niederknien, der sie vergisst. Und sie sollten die Finger lassen von der neuen, genmanipulierten »Bt«-Saat. Schon die erste habe versagt.

»Hat euch Monsanto nicht gesagt, dass der Bollworm nicht drangeht? Nach neunzig Tagen war er drin. Und keiner weiß, was das Gen bei den Menschen bewirkt, und den Tieren. Es gibt Bundesstaaten, in denen ist es verboten. Sie behandeln euch wie Meerschweinchen«, sagt Tiwari. »Und jetzt wollen sie euch Bollgard II andrehen, mit zwei manipulierten Genen, doppelt so teuer.« Gemurmel. »Erst hat es in China versagt, dann hier. Warum kauft ihr es?« – »Weil es ein Mann der Regierung gesagt hat«, sagt ein Bauer. Tiwari schaut die Tochter des Toten an. Er hat heute keine Aufmunterungs-Show.

Auf dem Weg nach Hause schaut Kishor Tiwari in die Nacht: »Sie sehen, es ist alles besser geworden. Die Bauern verhungern nicht mehr. Sie bringen sich jetzt selbst um.« Dann ruft er den Schneider an und bestellt eine Schuluniform.

Die Vertreibung der heiligen Wesen

Hunger, Stau und Quälerei: ein Elefantenleben in Indien

An guten Tagen macht Rani Geräusche. Wenn man sich an so einem Tag an ihren Bauch lehne, sagt Gayyur Ali, klinge es, als würde sie ein Liedchen summen tief drinnen in ihrem tonnenschweren Körper. Und wenn Rani singt, geht es Gayyur Ali gut. Er vergöttert sie, das ist unverkennbar.

Die zwei stehen ein bisschen angeschlagen am Ufer des Yamuna, über ihnen donnert sechsspurig der Verkehr Delhis. Der Elefantenbesitzer und sein Elefant. Sie haben in letzter Zeit viel mitgemacht. Gayyur Ali war vor Gericht, dann im Gefängnis, Rani wurde von der Polizei beschlagnahmt, und als sie zurückkam, war ihr linkes Auge geschwollen. »Sie haben ihr nichts zu essen gegeben und haben sie geschlagen«, sagt Ali. Seitdem ist Rani krank – und Ali pleite.

Seine anderen drei Elefanten musste er verkaufen. Aber Rani konnte er nicht weggeben. »Ich liebe sie mehr als meine Familie«, sagt er, tätschelt ihren Rüssel, ihre Beine. Er weiß nicht, wie es weitergehen soll. Rani frisst nicht mehr. Er hat einen Kredit aufgenommen, für die Arztkosten. Nicht einmal das Futter kann er sich leisten. Elephant Stop, Yamuna Bridge, das war ihre Adresse. Doch Elephant Stop gibt es nicht mehr. Im Januar kamen sie und rissen Häuser und Elefantenställe weg. Man versprach ihnen neues Land, weit draußen, vor der

Stadt, aber nun ist August, und noch haben sie nichts. Sie sind heimatlos.

»Dekorative Elefanten, Kamele und Feuerwerk«, steht auf Alis Visitenkarte. So viele Jahre lebten sie am Fluss. Jeder in Delhi wusste, wo die Elefanten waren, die man mieten konnte für Hochzeiten, Zeremonien, Wahlen, für all den indischen Pomp. Von hier zogen sie los, mit ihren prächtig geschmückten Tieren, die bunt bemalt durch den Verkehr trotteten, scheinbar unbeeindruckt, archaisch. Doch das mit den Elefanten und den Autos ging schon lange nicht mehr gut.

Also kamen Auflagen. Die Reflektoren waren ja noch lustig. Vier bis fünf Tonnen Lebendgewicht – und dann schnallte man ihnen diese lächerlichen Dinger an den Körper, damit man sie nachts besser sieht, die größten auf dem Land lebenden Säugetiere. Schwieriger ist das Ausgehverbot am Tag. Elefanten sind im Stoßverkehr nicht mehr erlaubt. Also gehen sie zu ihren Terminen in der Nacht davor los. »Das macht den Elefanten zu schaffen«, sagt Ali. Und ihm auch. Für Gayyur Ali ist die Vertreibung der Elefanten aus Delhi eine Schande. Diese heiligen Wesen, seit Jahrhunderten verehrt – degradiert zum Verkehrsproblem. »So behandelt man doch kein Nationaltier«, sagt er.

Seit Akbars Zeiten ist Alis Familie im Elefanten-Geschäft. Vierhundert Jahre Zusammenarbeit. »Ich renne seit meiner Kindheit den Elefanten hinterher«, sagt er. Dann lacht er. Damals waren *Mahouts* noch angesehen, sie waren stolz und reich, Männer mit einer großen Liebe zu ihren Tieren, Elefantenbesitzer mit einer langen Tradition. 326 vor Christus verteidigte man dieses Land mit ihrer Hilfe gegen Alexander den Großen, zweihundert Armee-

Elefanten, der Stolz ihrer Besitzer. Der Sohn des Mogul-Herrschers Akbar soll 113.000 Elefanten in seinen Diensten gehabt haben – zwölftausend waren in der Armee, tausend schleppten das Futter für die kämpfende Truppe heran und hunderttausend trugen Höflinge und Beamte, Diener und Gepäck herum. Es waren große Zeiten.

Doch das ist lange her. Mit der Branche geht es seit Jahren bergab. Die meisten *Mahouts* der fünftausend domestizierten Elefanten Indiens gelten als Tierquäler. »Lange wird es unseren Beruf nicht mehr geben«, sagt Gayyur Ali. Hundertachtundachtzig Elefantenhalter starben allein in Kerala zwischen 1982 und 2000. Viele glauben, dass es die Rache der Elefanten sei. Zertrampelt von Tieren, die jahrelang gequält, geschlagen, gegängelt wurden. Für diese Leute sind Elefanten Geldmaschinen. Für Ali sind sie sein Leben. »Sie haben vergessen, ihre Tiere zu lieben«, sagt er.

Tierschützer klagen schon lange die Zustände an, unter denen Elefanten in Delhi leben. Der Dreck, der Verkehr, die Unfälle. Anfang 2004 hat der Wildlife Trust of India aus Amerika eine Spezialistin eingeflogen, die die gestressten Tiere durch Berührungs-Therapie aufpäppeln sollte. In ganz Indien kümmert man sich plötzlich. In zwei Bundesstaaten wurden Urlaubscamps für Arbeitselefanten eingerichtet. Und in Kerala haben jetzt vom Staat angestellte Elefanten mit fünfundsechzig Jahren Rentenansprüche.

»Wenn sie richtig essen und baden, sind sie zufrieden«, sagt Gayyur Ali, Besitzer eines Elefanten, der tief drinnen singt, wenn es ihm gut geht. Ali, der leidet, weil er schon lange nichts mehr gehört hat aus dem Bauch seines Tieres.

Der Waldmann

Erst tötete er Affen und Elefanten, dann Menschen. Vom Leben und Sterben des berühmtesten indischen Banditen

Es gab Menschen, die sagten, dass es ihn gar nicht gab. Dass er ein Mythos war, eine Idee. Veerappan: Wilddieb, Mörder, Erlöser. Hundertdreiundzwanzig Tote. Bis er selber starb. Er hatte sich seinen Ruf über die Jahre erarbeitet. Und dann so was.

M. M. Setty jedenfalls glaubte an seine Existenz. Er wartete. Es war ein endloses, ereignisloses Warten. Der Inspektor saß in seiner Polizeistation, gelähmt von der Hitze des Monsuns. Nicht viel los in Ramapura. Kein Regen, kein Verbrechen. Damit kein falscher Eindruck entstand, zeigte er Spuren vergangener Ereignisse. Die Einschusslöcher in der Tür. Die Veranda, auf der fünf Polizisten gestorben waren. Es war am 19. Mai 1992. Es war die Nacht, in der Veerappan kam und ein paar Polizisten umlegte.

Davor war warten, danach war warten. Der Feind war geduldig wie ein Raubtier.

Gleich neben den Einschusslöchern hing ein Fahndungsfoto. Ein hageres Gesicht, kleine Augen, ein Monstrum von Bart. Schwarz-weiß und mit den Jahren verwittert hing er da: Koose Muniswamy Veerappan, Indiens meistgesuchter Bandit. So an die Wand genagelt sah er aus wie eine Witzfigur. Neben ihm seine drei letzten Begleiter: Sethukuli Govindan, Chandre Gownder, Sethumani. »Er beobachtet uns von da oben. Die ganze Zeit, Tag und Nacht«, sagte M. M. Setty und blickte hinauf in die Hügel, die ihn umzingelten. Veerappans Hügel.

Der Feind war wie ein Tiger. Er tötete, fraß, verdaute, dann wartete er. Manchmal jahrelang.

Vor zwölf Jahren kam Veerappan nach Ramapura. Danach schlug er an anderer Stelle zu. Mal nah, mal fern, wahllos. Die ganze Gegend am Cauvery Fluss war gezeichnet von seinem Hass. Mit der AK-47 im Anschlag zeigten Polizisten Tatorte. Die Brücke am Grenzposten in Palar, auf der Veerappan 1989 den Forstbeamten Mohanaiah abgeknallt hatte. Den von Kugeln durchlöcherten Baum an der Straße zum Wasserfall in Hogenekal. Eine Polizeipatrouille 1990. Drei Tote. Den Ort, an dem er 1991 den Forstbeamten Srinivas enthauptet hatte. Die Straße, nicht weit von Ramapura, auf der er 1992 mit einer Magnum Express sechs Polizisten erschossen hatte. Den Waldweg nahe Palar, nach elf Jahren noch von Bombenkratern aufgerissen. Zweiundzwanzig Polizisten tot. Die Stelle im Wald, an der sie 2002 die Leiche des ehemaligen Staatsministers Hannur Nagappa gefunden hatten. Veerappans Geisel, von Kugeln durchbohrt. Dazwischen die Orte, an denen Zivilisten starben, Schäfer, Bauern, Freunde. Polizeispitzel.

Und mittendrin Veerappan. Der gefährlichste Bandit Indiens. Ein kleiner Wilddieb weit im Süden, ein Analphabet, ein Nichts, ein Gauner, der die Polizeieinheiten zweier indischer Bundesstaaten seit Jahrzehnten lächerlich machte, der die Politik bis in die Hauptstadt Delhi durcheinander brachte, der Polizeichefs und Ministerpräsidenten kommen und gehen sah, der Eklats auslöste, Karrieren beendete, Gerichte beschäftigte, Städte lahmlegte. Der die Polizei jagte, die gekommen war, ihn zu jagen. Veerappan, der den Armen Geld gab, wenn sie ihm Essen brachten, der sie unterstützte, wenn sie sich eine Hochzeit nicht leisten konnten, der sie erschoss, wenn sie nicht schwiegen. Ein tödlicher Erlöser.

In der Polizeistation von Ramapura aber war Ruhe. Das machte die Sache nicht leichter. Man wurde nur unaufmerksamer. Irgendwo da oben zog Veerappan herum, während M. M. Setty auf die Tür mit den Einschusslöchern starrte, auf das Dorf, dessen Bewohner ihn hassten, auf die Landschaft, vor deren Tieren und Krankheiten und Geräuschen er Angst hatte. Die wenigen Dorfbewohner, die mit ihm, dem Polizisten, sprachen, wurden dafür bezahlt. Man gab ihnen Geld für ein paar lausige Informationen. »Was soll uns das bringen? Wir zahlen viele Informanten, aber sie stehen alle auf seiner Seite. Er weiß, wo wir sind, aber wir wissen nicht, wo er ist«, sagte M. M. Setty – stationiert im Feindesland. Wer sich hierher versetzen ließ, bekam das doppelte Grundgehalt. Es war kein begehrter Posten.

Der Inspektor hielt sich mit Sprüchen über Wasser. »Die nächste Schießerei wird Veerappan nicht überleben«, sagte M. M. Setty. Dann zeigte er auf die Landkarte an der Wand, umriss sein Gebiet. Alles Dschungel, alles gefährlich. »Wir sind das Rückgrat der Operation.« Sagte er, setzte sich, ließ Tee bringen, lächelte heldenhaft. Dann wartete er.

Der Feind ging barfuß und auf Zehenspitzen. Er hinterließ die Spuren eines Tieres. Raubtierspuren.

Der Wald war ein Teil von ihm. Er konnte mit den Affen sprechen, konnte schon als Junge ihren Ruf nachahmen. Sie waren so ahnungslos, liefen ihm zu. Nickten mit ihren kleinen schwarzen Gesichtern. Nickten und vertrauten. Dann knallte er sie ab. Fünfundzwanzig Rupien das Stück.

So fing es an mit Veerappan. Mit den Langur-Affen und einem halben Euro.

Nach den Affen kamen die Elefanten, Bullen mit prächtigen Stoßzähnen. Tonnenweise Elfenbein. Dann das Sandelholz. Der ganze Wald eine Goldgrube. Es war wie ein Rausch. Die Konkurrenz lebte nicht lange. Später holte er sich das Geld von den Besitzern der Granit-Minen. Schwarze Steine, für die sie in Europa viel Geld bezahlten. Mit dem Dynamit jagte er Polizisten in die Luft, bis sie die Minen schlossen.

Dann entdeckte er, dass man mehr Geld und Aufmerksamkeit bekam, wenn man Politiker und Filmstars entführte. Er hörte von Che Guevara, stellte politische Forderungen, ließ sich von tamilischen Gruppen vereinnahmen, träumte davon, wie die indische Banditenkönigin Phoolan Devi aus dem Dschungel in die Politik zu gehen, verlangte Geld und forderte Straferlass. Irgendwann kannten alle den Namen: Veerappan. Sein Bart war sein Markenzeichen. »Mit den Elefanten hat er sich verändert«, sagte Madiah Nellore.

Als Kinder hatten sie gemeinsam Kühe und Schafe gehütet in den Bergen bei ihrem Dorf Gopinatham. Aber Veerappan wollte schon immer etwas Besonderes sein, sagte Nellore. Mit vierzehn schoss er seinen ersten Elefanten, für einen Mann, der seinen eigenen Sohn in die Schule schickte und zum Richter ausbilden ließ. Veerappan konnte nur den eigenen Namen schreiben. Die Forstbeamten waren hinter dem Jäger her, nicht dem Großhändler. Als Veerappan anfing, auf Menschen zu schießen, stellte sich Nellore gegen ihn – ein Todeskandidat.

So war das. Man war für oder gegen den Feind. Eine andere Möglichkeit gab es an diesem Ort nicht.

Die Menschen versuchten, sich herauszuhalten aus dem Krieg, der um sie herum tobte. Und sie arrangierten sich – mit allen. Mit Veerappan, der ihnen die Angst brachte, mit den Polizisten, die sie folterten, mit der Erde, die sie nicht ernähren konnte. Wenn wieder mal kein Regen kam, beteten sie, dass wenigstens Veerappan kommen möge. »Er hat uns anständig bezahlt für ein paar Tomaten«, sagte ein Bauer und verschwand wieder. Kein Name, kein Dorf. Zweitausend Rupien zahlte der Räuber. Die Polizei fünfhundert. Lebensgefährlich war beides.

Doch Nellore stand auf Seite der Polizei und sein Leben unter Polizeischutz. Zwölf Jahre hauste er oben in den Malai Mahadeshwara Hills (MM Hills), wo die Polizei ihr Hauptquartier hatte, und ihre Folterkammern. »Workshops« nannten sie das hier. Dort oben, hieß es, verschwanden Menschen, manche für immer. Die Polizei, sagte man, habe Häuser angezündet, Frauen vergewaltigt, Land konfisziert, Menschen verschleppt. Es ist eine verlassene Gegend entlang der Grenze zwischen den Bundesstaaten Tamil Nadu und Karnataka, weit weg von Bangalore und Anwälten. Da kümmerte sich keiner um Menschenrechte.

Für Nellore war MM Hills Schutzraum. Er hatte seine Familie aus dem Dorf weggeschafft. Seine Felder verpachtet. Manchmal fuhr er bei Tageslicht mit Polizeischutz nach Hause, sammelte Geld ein und Informationen. Denn mit der Nacht kam die Angst in sein Dorf.

Gopinatham. Sechshundert Häuser, dreitausenddreihundert Einwohner, Veerappans Geburtsort. Sie waren hier schon immer weit weg von Gesetz und Fortschritt. Und sie hatten hier schon immer ihre eigene Art von Helden. Selvaraj zum Beispiel, den sie »Mumpty-vaayan« nannten – Mann mit einem Mund wie eine Schaufel. Seine Morde waren bestialisch, seine Rache war drakonisch, seine Beute für die Armen. Veerappans Vater soll ihm Essen in den Wald gebracht haben. So wie Menschen später seinem Sohn Essen brachten.

Drei Häuser hatte Veerappan in Gopinatham. Drei Ruinen. Das Land hatte die Polizei beschlagnahmt. Haben wollte es keiner, und Veerappans Familie gab es nicht mehr. Die Eltern tot. Ein Bruder im Gefängnis. Die Schwester und der zweite Bruder hatten Selbstmord begangen. Seine Frau Muthulakshmi lebte mit der Tochter an einem geheimen Ort. Nach Jahren im Wald, nach Gefängnis und Folter, nach Stunden, in denen ihr die Polizei Stromkabel an die Brustwarzen geklemmt hatte, war sie gebrochen und handelte einen Deal mit den Peinigern aus. Für ihren Mann unerreichbar.

In der Schule in Gopinatham gab es Kinder und Polizisten. Die Kinder wussten, warum die Polizei da war. Aber sie drucksten herum, wollten den Namen nicht sagen, kicherten. Niemand hier sprach seinen Namen aus. Veerappan. Nur der Schuldirektor. Am Unabhängigkeitstag und am Tag der Republik stellte er sich mit seinem Stock vor die Kinder und sagte wie jedes Jahr, dass sie sich diesen Banditen nicht als Vorbild nehmen sollen. Werdet nicht wie Veerappan. Ihr habt eine bessere Zukunft.

Der Feind schlief wie ein Tier unter freiem Himmel. Immer auf der Flucht. Sein eigenes Baby soll er erwürgt haben, weil das Geschrei ihn verraten hätte.

So erzählte es Jyothi Prakash Mirji, Chef der »Special Task Force Karnataka«. Er saß ein bisschen mutlos in seinem Büro. Seine Truppe war seit elf Jahren erfolglos. Und das, obwohl sie nur eine einzige Aufgabe hatte: den Kerl zu fassen, tot oder lebendig. Aber Veerappan war frei, dafür waren zweiunddreißig Polizisten, zehn Forstbeamte und einundachtzig Zivilisten tot, zweitausend Elefanten wurden laut Polizeibericht in all den Jahren gewildert, vierzigtausend Kilogramm Elfenbein auf dem Schwarzmarkt verscherbelt, der Sandelholzbestand der Gegend abgeholzt. Mirji verbreitete trotzdem Zuversicht im Polizeihauptquartier in Bangalore. »So viel ist sicher, wenn er in die Stadt kommt, ist er verloren.«

Einmal nur war Veerappan in Bangalore. 1986, am Anfang seiner Karriere, verraten von einem Freund. Er entkam. Es war eine unerklärliche Flucht. Manche sprachen von einem Wunder, andere von Bestechung. »Es ist ein Katz-und-Maus-Spiel«, sagte Mirji.

Er hatte sich in seinem heruntergekühlten Büro viele Gründe für das Versagen zurechtgelegt. Veerappans Revier sei zu groß, achtzehntausend Quadratkilometer Dschungel. Verteilt auf zwei Bundesländer, zwei Zuständigkeiten. Wie sollte man da einen einzelnen Mann finden? Und die Menschen – so bockig, reden nicht. Manchmal träumten sie bei der Task Force von Nachtsichtgeräten und Satelliten-Navigations-Systemen. Jyothi Prakash Mirji sagte: »Es stimmt, wir haben ihn noch nicht. Die Natur beschützt ihn. Und er hat ja nichts zu tun. Er sitzt nur da und wartet, wie ein Torwart. Er beobachtet uns, wenn wir ihm zu nahe kommen, packt er einfach die Sachen.«

Von der eigenen Unfähigkeit sprach er nicht. Von Undercoveragenten, die als Zivilisten verkleidet waren, aber stramm standen und salutierten, wenn ein Vorgesetzter im Wald vorbeikam. Von Einheiten, die genau so viel Angst vor den Elefanten hatten wie vor Veerappan. Der Dschungel war für Mirjis Männer ein Grauen. Sie kannten ihn nicht.

Veerappan schon. Er kannte jeden Felsen, jede Wasserstelle, er kannte die Warnrufe der Vögel, die Pfade der Elefanten. Er hatte keine Angst vor Insekten, Bären, Zecken und Tigern. Achtzehntausend Quadratkilometer – er legte auf den Waldboden kleine Steine auf Blätter, um mit seinen Leuten zu kommunizieren. Geheimbotschaften. Nicht zu entziffern für Polizisten, die mit Jeeps durch die Gegend rasten und in ihrer Paranoia den ganzen Wald zum Sperrgebiet erklärten.

Nur die Zivilisation machte dem Feind Angst, also blieb er, wo er war. In seinem Reich waren andere chancenlos.

»Die Polizei ist die falsche Truppe. Die kommen aus der Großstadt, und dann stellt man sie mitten in den Wald, da sind sie überfordert.« Das hatte C. Dinakar schon gesagt, als er noch der zuständige Polizeichef war, damals, im Juli 2000, als Veerappan Rajkumar entführt hatte, Schauspieler, Halbgott. Hundertacht Tage behielt er ihn bei sich. Hundertacht Tage Ausnahmezustand. Veerappan schickte Kassetten voller Forderungen aus dem Wald und wartete auf Antworten, die die Regierung über *All India Radio* zu ihm sandte. Schulen wurden geschlossen, die Filmindustrie stand still, Geschäfte wurden geplündert, Terroristen freigelassen. Rajkumars Ehefrau bettelte im Radio, er möge den Blutdruck ihres Mannes prüfen. Es war Veerappans größter Coup.

»Ich habe schon damals gesagt, die Armee muss da ran, dann ist das Problem in einer Woche erledigt.« C. Dinakar saß in seiner Anwaltskanzlei in Bangalore. Vor seinem Haus stand ein bewaffneter Wachdienst. Er hatte ein Buch über Veerappan geschrieben, das vielen nicht gefallen hatte. Ein Werk voller persönlicher Indiskretionen – politischer Sprengsatz. Dinakar sagte, dass der Bursche noch frei herumlaufe, weil niemand Interesse daran habe, ihn zu fangen. Er gehöre der selben Kaste an wie manch ein Politiker. »Ich nenne das den Kasten-Faktor, wenn sie zur selben Gruppe gehören, beschützen sie ihn. Fünfzehntausend Stimmen machen einen Unterschied. Aber wenn einer zwanzig Jahre lang nicht gefasst wird, muss er auch etwas drauf haben.«

Es gab Menschen, die sagten, er sei ein Magier, ein Gott. Sie sagten, er habe die Fähigkeit, einfach zu verschwinden.

S. Krupakar sagte: »Quatsch, er ist nur clever.« Zwei Wochen war er bei Veerappan im Wald. Als Geisel. Langweilig sei es gewesen, Veerappan habe über seine Heldentaten gesprochen. Sonst gab es nichts, im Dschungel. Um sechs Uhr aufstehen, beten, Camp wechseln, kochen, schlafen, Veerappans Geschichten anhören. Jeden Tag das Gleiche. Krupakar hat normalerweise mehr Spaß im Wald.

Er ist Tierfilmer. Dass er Geisel wurde, war ein Versehen. Für Veerappan war jeder, der einen Jeep fuhr, Regierungsmitglied. Das Auto war schuld, dass der Bandit am 8. Oktober 1997 in Krupakars

Haus gestanden und ihn und seinen Kollegen Senani mitgenommen hatte. Bei Krupakar schrumpfte der Mythos zusammen. Da war Veerappan ein Mann, der seine Geiseln um Hilfe bat bei der Formulierung seiner Forderungen an die Regierung, ein Menschenfänger, der Bauernburschen um sich scharte, die man mit einer Tasse Tee kaufen konnte. Krupakar sagte: »Indien ist ein Land der Symbole. Sie rennen mit jedem Problem zu den Göttern. Und niemand mag die Polizei. Für diese Menschen ist Veerappans Geschichte wie eine nie endende TV-Serie. Sie lieben das.«

Aus Krupakars Haus hatte Veerappan ein Buch geklaut: »Sacred Elephants«. Er wollte von seinen Geiseln alles über Elefanten wissen, wie sie kommunizieren, wie sie sich verhalten. Und alles über Affen. So lernte Veerappan, der größte Bandit Indiens, endlich mehr über den Langur-Affen, mit dem alles anfing, den er anlockte, dann abknallte. Fünfundzwanzig Rupien das Stück. Lange bevor er sich an den Menschen machte.

Wo ein Mann nur Asche ist

Die Macht ist weiblich bei den Khasi

Am Ende der Welt, eingeklemmt zwischen dem feuchtesten Ort der Erde und Bangladesch, in der hügeligen »Heimat der Wolken« und dummerweise auch mitten im Land der Frauen, sitzt P. K. Lakiang und leidet. An der Wand hinter ihm hängt Jesus Christus samt Dornenkranz. Viel bringt das nicht, denn selbst der Herr ist in dieser Weltgegend machtlos. Wie sollte es anders sein: Er ist ja auch nur ein Mann.

P. K. Lakiang lässt ihn trotzdem dort hängen. Schließlich können sie im kleinen Büro der Organisation Syngkhong Rympei Thymmai (»Bau dir ein neues Haus«) jeden gebrauchen. Wirklich jeden, denn die Revolution der Männer, die am 14. April 1990 hier im äußersten Nordosten Indiens ausgerufen wurde, ist in einem erbärmlichen Zustand – die Revolutionäre sind es ebenso. Seit Jahren kämpft P. K. Lakiang schon für eine neue Weltordnung, aber wenn er ehrlich sein soll, ist außer einer kaputten Ehe nicht viel dabei herausgekommen.

Es gibt Momente, in denen er sich trotzdem so etwas wie Hoffnung leistet. Eine Organisation, deren Ziel es ist, in einem Matriarchat die Frauen zu entmachten, hat schließlich schon viel erreicht, wenn sie nach zwölf Jahren immer noch existiert. Aber was P. K. Lakiang, Vizepräsident von Syngkhong Rympei Thymmai, nicht versteht, ist die Tatsache, dass bislang die Unterstützung ausgerechnet von denen fehlt, die sie hier vertreten: den Männern vom Volk der Khasi. Gerade mal fünfzehnhundert der achthunderttausend Khasi haben sich P. K. Lakiangs Organisation angeschlossen, was daran liegen mag, dass die Forderungen dieser womöglich einzigen Männer-Emanzipationsbewegung der Welt nicht gerade überzeugend wirken.

»Diese Männer sind völlig verwirrt«, sagt Hasina Kharbih und lächelt sanft. Sie ist eine *Khatduh*, die jüngste Tochter ihrer Familie und somit Erbin des Hauses und Ahnfrau der nächsten Generation. »Wieso sollten wir ein Gesellschaftssystem abschaffen, das seit Menschengedenken funktioniert? Und warum das Patriarchat einführen, das so unglaubliche Auswüchse wie die tausendfache Abtreibung von weiblichen Föten hervorgebracht hat? Fragen Sie doch mal, was die Männer eigentlich wollen. Politische Macht haben sie bereits, und unsere Schöpfergöttin Ka lawbei ist seit Jahren wahlweise auch männlich.«

P. K. Lakiang schüttelt verzweifelt den Kopf, wenn er solchen Unsinn hört. Für ihn werden die Männer der Khasi in empörender Weise unterdrückt und gedemütigt, übergangen und zu einem Haufen von Zuchtbullen und Babysittern degradiert. Ihm bleibe nichts als die zweifelhafte Ehre, Teil des »perfektesten Beispiels noch überlebender matriarchaler Institutionen« zu sein. So zumindest hat der Autor Philip Gurdon 1907 die Kultur der Khasi beschrieben, und Gabriele Bertrand schrieb vor fünfzig Jahren vom »geheimnisvollen Reich, in dem Frauen regieren«. Anders als bei P. K. Lakiang war bei beiden durchaus eine gewisse Begeisterung für diese Tradition festzustellen.

Nun, sie haben gut lachen, die Fremden, für die

die Männer der Khasi nur kuriose Forschungsobjekte sind, Überbleibsel aus längst vergangenen Zeiten des Urmatriarchats, in denen Übermütter die Welt bevölkerten und Männer nichts weiter als begattendes Beiwerk der Schöpfung waren. Ja, sie haben gut lachen, die anderen, sie sind nicht Teil eines Volkes, dessen Name keinen Zweifel daran lässt, wer hier die Gene weitergibt: »Kha Si« – aus der Frau namens Si geboren. Nicht einmal am Anfang allen Seins hatten die Männer dieses Volkes eine Chance. Und all das nur, weil sie die »Blutvergießer« waren. So zumindest sieht es P. K. Lakiang. »Wir waren wohl zu oft unterwegs zur Verteidigung des Landes, deswegen haben die Frauen die Macht übernommen, weil sonst keiner da war. Aber jetzt sind wir da, und unsere Mütter lehren uns immer noch, dass das Feuer weiblich ist und die Asche männlich.«

P. K. Lakiang jedenfalls will nicht länger Asche sein. Doch der jahrelange Kampf hat ihn sichtlich mitgenommen. Sein kleiner, runder Kopf wippt ungemütlich hin und her, als er leise und traurig sagt: »Wir werden von dieser Kultur aufgesogen, zum Nichts degradiert. Ich bin als Mann ein Sklave meiner eigenen Familie. Alles in diesem Volk gehört den Frauen: die Kinder, das Haus, die Bildung, das Geld, die Frauen gebären und bestatten, sie erben und vererben, sie sind diejenigen, die studieren, und diejenigen, die den Kindern ihren Namen geben.« Die Männer aber seien ein Leben lang nichts weiter als »der Sohn irgendeiner anderen«, wie Lakiang es nennt.

Da sitzt er also in seinem Büro am Ende der Welt, in dieser Stadt, in der sich die britischen Kolonialherren einst von der Hitze des Subkontinents erholten und die sich sanft über die grünen Hügel des indischen Bundesstaates Meghalaya gelegt hat. P. K. Lakiang hat es allmählich satt, erklären zu müssen, dass so ein Matriarchat nur Nachteile hat – zumindest für einen wie ihn: Ehemann einer Khasi-Frau, Vater von sieben Khasi-Kindern, Sohn einer Khasi-Mutter, die – das sagt er selber –, wenn sie noch leben würde, nicht glücklich wäre über das, was er hier treibt. Hinter seinem Schreibtisch hängt ein Schild: »Bitte setzen Sie sich. Reden Sie nicht länger als fünf Minuten.« Langsam geht ihm die Zeit aus. Die Einführung des Patriarchats dauert länger, als er sich das an jenem 14. April 1990 vorgestellt hat. Warum will nur niemand begreifen, dass die Männer der Khasi traurig sind?

»Ich bin einsam in meinem eigenen Haus. Ich fühle mich unterdrückt als Mann und missbraucht von meiner eigenen Frau«, sagt P. K. Lakiang und vergisst für einen kurzen Moment das ewige Lächeln. Was er zunächst nicht erwähnt, ist die Tatsache, dass er bei sich zu Hause die Dinge bereits richtiggestellt hat. Bei ihm herrscht das Patriarchat. Er hat sich vor sechsunddreißig Jahren eines der ärmsten Mädchen zur Frau genommen, und so ist es sein Haus, in dem seine Kinder aufwachsen, sein Geld, von dem die Familie lebt, sein Name, den die Kinder tragen. Problem ist nur, dass die restlichen Khasi und seine Frau das ignorieren. Für die anderen ist es das Haus seiner Frau, und die Kinder werden gefragt, warum sie den falschen Namen tragen. Wohl fühlt sich in dieser verkehrten Welt nicht einmal der Vater.

Dass P. K. Lakiang so einsam ist, liegt an Sätzen wie diesem: »Natürlich hätte ich lieber, dass die Frauen ausgebeutet werden und nicht die Männer.

Wenn das meiner Frau nicht passt, kann sie ja gehen.« Trotzig sitzt er in seinem Büro, in dem ein Bett steht, das er immer dann benutzt, wenn die Stimmung in seiner verkehrten Welt unerträglich wird. Dass sich zwei seiner Söhne durch ihre Hochzeit wieder herausgemogelt haben aus der Illusion des Vaters, kränkt ihn mehr als der Trotz der Ehefrau. Sie leben im Haus ihrer Frauen, gehorchen den Schwiegermüttern und sind Besitz der eigenen Mütter – so wie das schon immer war. »Ihre Töchter werden auf die Universität gehen und ihre schlechter ausgebildeten Söhne werden arbeitslos sein«, sagt Lakiang, »und deswegen geht es stetig bergab mit uns Khasi.«

Dass es bergab geht, ist ausnahmsweise eine Meinung, die nicht nur P. K. Lakiang vertritt. Die Straßen der Hauptstadt Shillong sind in den letzten Jahren unsicher geworden. Die Zahl der Überfälle, Schießereien, Vergewaltigungen und Morde steigt rapide. »Unsere Männer stehlen, rauben, verlassen ihre Frauen und die Kinder, die sie zeugen, die aber nicht ihren Namen tragen. Wir bekommen nichts«, sagt P. K. Lakiang, »also geben wir auch nichts«. Es herrscht Aufruhr in den abgeschiedenen Bergen der Khasi, weil die Männer nirgends hingehören, nicht in das Haus der Mutter, das die jüngste Tochter der Familie erbt, und nicht ins Haus ihrer Frauen, in dem sie nur Gast sind. Die Männer sind das Problem. »Und deswegen«, sagt P. K. Lakiang, »müssen sie an die Macht.«

Das sieht der König der Khasi anders. Möglicherweise deshalb, weil er bereits an der Macht ist. Laborius Manik Siem sitzt in seinem samtroten Audienzzimmer mitten in Shillong. Jung ist er und sehr beschäftigt. Die drei Telefone auf seinem Tisch läuten fordernd und durchgehend. An der Grenze zu Bangladesch gibt es wieder Probleme. Immer öfter kommen marodierende Banden aus dem armen Nachbarland und rauben sein Volk aus. Der König der Khasi hat keine Zeit für Leute wie P. K. Lakiang, er versteht ohnehin nicht, was das Problem ist. Für ihn sind diese Männer das Problem: »Es ist so, als wollten sie die Kochtöpfe umdrehen. Und versuchen Sie einmal, in einem umgedrehten Kochtopf zu kochen«, sagt er. Für Laborius Manik Siem sind die Männer der Organisation »Syngkhong Rympei Thymmai« ein Haufen frustrierter Egomanen, denen es nur darum gehe, an das Geld ihrer Frauen zu kommen. »Es ist doch alles eine Frage des Gleichgewichts. Das Wort Dominanz gibt es in unserer Kultur nicht. Wir Khasi müssen uns nicht erst vom Höhlenmenschen zum modernen Menschen entwickeln. Als sie im Rest der Welt angefangen haben, über die Rechte der Frauen zu diskutieren, gab es das hier schon ewig. Unsere Vorfahren wussten immer, dass es die Frauen sind, die ein Volk stark machen.«

Und dann erzählt der König der Khasi seine Lieblingsgeschichte. In dem schon zu britischen Kolonialzeiten für deftige Männergespräche berühmten Shillong-Club hätten ihm vor Kurzem ein paar indische Männer ihre Meinung gesagt: »Wer bist du denn? Der König der Khasi? Ihr werdet doch von euren Frauen regiert.« Es gab Gelächter und eine Runde Bier für alle. Königlich war die Antwort: »Ihr seid stolz auf euer Machogehabe. Aber seid ihr wirklich die Söhne eurer Väter? Meint ihr nicht, dass eure Mütter das besser wissen?« Dann war Ruhe, sagt der König.

P. K. Lakiang aber gibt keine Ruhe: »Der König

ist der König, weil er der Sohn seiner Mutter ist«, sagt P. K. Lakiang. »Aber er hat doch nur symbolische Macht. In Wahrheit entscheiden die Frauen – im Haus und auch sonst.« Für P. K. Lakiang ist Laborius Manik Siem ein Profiteur der alten Ordnung, der sich selber zum Normalbürger degradieren müsste, wenn er für ein neues System eintreten würde. »Merkt denn niemand, dass sich die Khasi selbst ausverkaufen« – P. K. Lakiangs Kopf wackelt bedenklich – »dass wir untergehen in dieser Welt, in der rundherum die Männer herrschen und in der die Frauen der Khasi immer öfter von Fremden geheiratet werden, weil sie reich sind, weil sie Land haben und Häuser?« – »Fremdhochzeiten« nennen sie das hier, P. K. Lakiang nennt es das »Ende unserer Kultur«.

Dass die Frauen nicht nur mehr Rechte, sondern auch mehr Pflichten haben, sagt er nicht. Er will seine eigene Wahrheit nicht durch unwichtige Details zerstören lassen. Dass die Frauen mehr Pflichten haben, sagt Patricia Mukhim, Schriftstellerin und Trägerin des Padmashree Awards. Sie sitzt in ihrem Wohnzimmer und verschwindet beinahe in ihrem dicken Wollpullover. Die jüngste Tochter erbe schließlich nicht nur, sie müsse sich auch um die Familie kümmern und die Eltern im Alter versorgen, sagt sie. »Von dieser Verantwortung reden die Umstürzler nicht und auch nicht davon, dass Meghalaya im Vergleich zu den patriarchalen Ländern außen herum eine Oase ist. Bei uns gibt es keinen Frauenhandel, keine Kinderhochzeiten, keine Witwenverbrennungen. Sie sind die Kinder der Mütter, da spielt es keine Rolle, wenn kein Mann im Haus ist.« Und von Ausverkauf könne keine Rede sein, sagt Patricia Mukhim.

Die Frauen der Khasi suchen sich Männer aus anderen Völkern, weil sie die Wahl haben.

Und so sitzt P. K. Lakiang am Ende der Welt, in der hügeligen »Heimat der Wolken«, mitten im Land der Frauen und kann nicht fassen, dass die Frauen auf die Revolution der Männer derart gelassen reagieren. Patricia Mukhim jedenfalls macht nicht den Eindruck, als hätte sie Angst vor den Aufwieglern, den Revolutionären, denen die Zeit ausgeht und die Kraft. Die Argumente, sagt Patricia Mukhim, seien ihnen ohnehin schon lange ausgegangen. Dann verabschiedet sie uns und geht in die Küche, schließlich brauchen die Männer in ihrem Haus etwas zu essen – trotz allem.

Ein Millimeter Lebensraum

Bahnfahren in Bombay: der tägliche Krieg um einen Stehplatz Richtung Stadtmitte

Sunil ist ein Mann der Mathematik, einer, der das Leben in hochkomplizierte Zahlenreihen übersetzt, wenn es mal unüberschaubar wird. So hat er bisher noch alles in den Griff bekommen. Aber seitdem er in einen Vorort von Bombay gezogen ist, sind seine Koordinaten ein wenig durcheinander geraten. Denn das, was sich da jeden Morgen auf seinem Weg zur Arbeit abspielt, ist – rein mathematisch gesehen – Selbstmord. Wer sich in Bombay nicht in Todesgefahr begebe, sagt Sunil, komme nie in seinem Büro in der Innenstadt an.

Es ist acht Uhr morgens, und wie jeden Tag trifft sich Sunil mit seinen »Kampfgenossen« an der Bhandup Train Station. Alleine würde man spätestens an der Dadar Train Station scheitern, an diesem Ort, an dem die Western Line mit der Main Line zusammenläuft und ein Zugwechsel unumgänglich ist. Dadar Station, das ist für Bahnfahrer in Bombay die Hölle auf Erden: Hier herrscht Krieg um einen Platz Richtung Stadtmitte. An diesem Ort müssen Hunderte von Menschen in eineinhalb Minuten einsteigen, während erst einmal Hunderte von Menschen in eineinhalb Minuten aussteigen wollen. Wer hier nicht mit den härtesten Bandagen kämpft, der kommt erst gar nicht in die Nähe des Zuges. Zehntausend Menschen, sagen die Leute, zwängen sich bisweilen in zwölf Waggons. Zehntausend Menschen im Vierminutentakt auf drei Schienensystemen. So beginnt für Millionen der Arbeitstag in Bombay. Wer es einmal in der Stoßzeit geschafft hat, der überlebt alles auf Erden, heißt es.

Als Sunil vor einem Jahr nach Bombay kam, als er noch keine »Kampfgenossen« hatte, da sei ihm die Kündigung oft als die reizvollere Alternative erschienen. Denn wer die Regeln nicht kennt, der geht unter. Neulinge erkennt man auf den ersten Blick. Verängstigt stehen sie herum: immer am falschen Ort, immer zur falschen Zeit wollen sie sich einordnen in diese gigantische Menschenmasse. Familien, die nicht wissen, dass es spezielle Frauenabteile gibt, klammern sich aneinander, werden auseinandergerissen, schreien, weinen. Da stehen sie dann, mehrere Stunden, sehen Züge kommen und fahren, versuchen einen vagen Anlauf, werden wieder herausgeschleudert, niedergetreten, geschubst, beschimpft – und so hängen sie fest, irgendwo in diesem Menschenverfrachtsystem, wie ein Klumpen an einer Engstelle. Wer beim Einsteigen nicht weiß, auf welcher Seite er aussteigen muss, der wird zwar irgendwann irgendwo ankommen, aber bestimmt nicht dort, wo er will. Es soll Passagiere gegeben haben, die schafften es nicht einmal, an der Endstation auszusteigen bevor der Zug zurückfuhr.

Unberührbar sind hier nicht einmal die Unberührbaren. Hunderte von Händen krallen sich an die von der Decke hängenden Schlaufen. Ein Finger an einer solchen Schlaufe ist ein strategischer Sieg, eine kleine Wunderwaffe im Kampf um einen Millimeter Lebensraum. Umfallen wäre ohnehin unmöglich. Wer Pech hat, steht an der offenen Tür und wird von den unkontrollierbaren Schüben der Menschentraube bisweilen schon mal hinausgeschubst, mitten hinein in einen der zahllosen Slums von Bombay, die größten Asiens. So was kann passieren.

Die Plätze in der Mitte sind auch nicht besser. Das Bedrängende sind weniger die Körper, die sich ineinander verkeilen, die Taschen, die einem in das Gesicht gedrückt werden, die Arme, von denen man irgendwann nicht mehr weiß, ob es die eigenen oder fremde sind. Beängstigend ist vielmehr das, was diese Körper ausstrahlen: Aggression, Panik, Schweiß. »Das wirklich Gefährliche«, sagt Sunil, »sind die Gerüche.«

Und doch müssen Tausende jeden Tag diesen Wahnsinn ertragen. Es ist immer noch der schnellste Weg, um aus den Außenbezirken in die Innenstadt von Bombay zu kommen – und es ist der billigste. Sunil etwa kann sich kein Auto leisten, auch nicht die erste Klasse, und so muss er sich jeden Tag hineinstürzen in diesen Fleischhaufen. Wenn er dann nach eineinhalb Stunden in seinem Büro angekommen ist, ruht er sich erst einmal aus. »In diesen Zügen«, sagt Sunil, »muss man auf sein Leben scheißen. «

So würde das Y. G. Kale von Indian Railway schon allein aus werbetechnischen Gründen nicht sagen. Er spricht nur von einer gewissen Unproportioniertheit zwischen der Anzahl der zur Verfügung stehenden Sitzplätze und der Anzahl der zu befördernden Menschen. In seinem Büro an der Victoria Terminus Train Station herrscht jedenfalls erschreckende Leere. Dann wirft Y. G. Kale erst einmal ein paar beeindruckende Zahlen in den Raum. Immerhin sei das Indian Railway System das größte Zugsystem der Welt: Man kontrolliere hundertsiebentausend Kilometer Schienen und befördere in ganz Indien mehr als elf Millionen Passagiere pro Tag. Allein in Bombay täglich 3,4 Millionen. Erwartungsvolle Stille. Und immerhin habe man schon einiges getan, um die Lage zu entkrampfen: Die Züge fahren morgens und abends im Vier-, nicht im Fünfminutentakt, außerdem wurden die Slums zehn Meter um die Schienen herum niedergewalzt. Das dürfte allerdings nur für die von Belang sein, die hinausfallen. Beschwerden jedenfalls, sagt Kale, höre man nur selten.

Im Gegenteil, es gebe sogar Leute, die meinen, von Indien noch etwas lernen zu können. Einmal war sogar ein englischer Vizepremierminister da, um etwas zu erfahren über die Lösung von Transportproblemen, erzählt Sunil. »Ich würde ja zu gerne wissen, ob sie unser geniales System schon übernommen haben in London.«

Die vielen Wege zur Erleuchtung

Warum sich manch ein »Sadhu« nie setzt und warum Europäer das nie verstehen werden

Leicht zu finden war er nicht. Er war nicht in den Tempeln von Varanasi, nicht in seiner Hütte in Madhya Pradesh. Kein Sanskritgelehrter, kein Telefonverzeichnis kannte ihn. Es gibt so viele Heilige. Und er ist ja immer auf den Beinen. Rastloser *Sadhu*. Als wir ihn endlich finden, hängt Kadeshwari Baba Rajandra Puri in seiner Schaukel, hoch oben auf einem Hügel in Trimbakeshwar, nahe der Stadt Nashik. Leicht bekifft. Aber er steht. »24 hours standing«, sagt er zur Begrüßung.

In der Nähe einer Säule hat er seine Schaukel aufgehängt, auf die er sich stützt. Sie ist Bett, Tisch und Audienzzimmer. An ihr steht er. Tag und Nacht. Ob er isst oder schläft. Ob er gesund ist oder krank. Er hat es so beschlossen vor fast sechs Jahren. Gegen den Willen seines *Gurus,* der sagte: »Setz dich. Diese Prüfung muss nicht sein.« Es war das einzige Mal, dass er seinem Meister nicht gehorchte. Warum, kann er nicht sagen. »Jeder muss tun, was er tun muss.«

Kadeshwari Baba Rajandra Puri hat sich nie wieder hingesetzt. Es ist sein Weg zu Gott. Sein Weg zu sich selbst. Sein Weg zur Erleuchtung. Sein Weg aus dem Kreislauf ewiger Wiedergeburten. Sein Weg zu Ruhm und Geld: »Wenn du es Glück nennen willst, nenne es so«, sagt er. Er nennt es Freiheit, manchmal Weltfrieden – *Moksha, Mukti, Nirwana.*

Um ihn herum haben sie einen anderen Weg gewählt. Sie liegen auf nacktem Betonboden. Der ganze Raum ist voller hinduistischer Heiliger. *Naga Babas* wie er. Hundert Männer – geballte göttliche Aura. Viele sind nackt, beschmiert mit heiliger Asche. Andere balancieren mehrere Kilo schwere Haartürme auf dem Kopf. *Jata* – meterlang, Stolz der Heiligen, Zeichen jahrelanger Asketenkarriere, Sitz yogischer Kräfte. Kunstvoll aufgerollt. Um sie herum Utensilien ihrer göttlichen Geschäfte: doppelseitige Trommeln, Muscheln, Täschchen, gefüllt mit *Mantra*-Büchern und Zündhölzern für die *Chilams* – für ihre heiligen Haschpfeifchen. Um den Hals tragen sie Gehänge aus Ketten, im Gesicht eigenwillige Zeichen. »Babas Make-up«, sagt Kadeshwari Baba Rajandra Puri. Er ist jung. Seine Haare sind noch nicht verfilzt, sein Bart ist noch nicht grau. Nur seine Füße machen einen jahrhundertealten Eindruck.

Seit dem 1. Februar 1998 steht Kadeshwari Baba Rajandra Puri. »Unlimited«, wie er sagt. Er werde erst aufhören damit, wenn ein Tempel dort gebaut werde, wo er lebt. Omkareshwar heißt der Ort. Berühmt für die Tempel, die es dort schon gibt. Passiert ist in all den Jahren nichts. Keiner plant einen Tempel, keiner sammelt Geld dafür. Nicht einmal er selbst. Wenn ihm Gläubige ein paar Rupien geben, gibt er sie aus: meist für einen Joint. In Indien hat ihn noch nie jemand nach dem Grund seiner Prüfung, nach der Dauer seiner Qualen gefragt. Es spielt keine Rolle. »Eines Tages wird es passieren. Jemand wird einen Tempel bauen, auf dem mein Name stehen wird. Dann werde ich mich setzen«, sagt er.

Seit all den Jahren steht Kadeshwari Baba Rajandra Puri. Seit all den Jahren tragen seine Beine die Last seines Körpers. Man sieht es ihnen an. Seine Zehen sind blutleer, die Haut seiner Waden ist schwarz und hart. Gespannt wie Pergamentpapier. »Der Schmerz lässt mit der Zeit nach. Mit jedem Jahr wird es besser. Gott kümmert sich darum.« Nach fast sechs Jahren ist Kadeshwari Baba Rajandra Puri nun so gut wie schmerzfrei. Sagt er.

Kaputt sind seine Füße, aber heilig. Mit ihnen nimmt er spirituelle Energie auf und gibt sie weiter. Wasser, das über sie geronnen ist, wird Nektar der Unsterblichkeit. *Amrita*, heiliger Trank der Gläubigen. Auf diesen Füßen ist er jetzt wie Zehntausende andere Heilige nach Nashik gegangen, zur »Kumbh Mela«. Alle drei Jahre, wenn Jupiter in das Zeichen des Wassermanns tritt und die Sterne vielversprechende Konstellationen haben, kommen sie aus ihren Höhlen, Einsiedeleien, Palästen oder *Aschrams*. *Sadhus, Babas, Mahants*, Asketen, *Sanyasins, Yogis, Gurus* machen sich auf den Weg, vereint in dem Wunsch, ein Bad zu nehmen im heiligen Fluss. Große Weise sind hier und große Schauspieler, die ihre asketischen Stunts zum Besten geben. Es wird Politik gemacht, es werden Hierarchien neu bestimmt, Kunststücke vorgeführt, Probleme ausgetauscht, Wunder begutachtet, Glaubenskämpfe ausgefochten – und Joints geraucht. Bei den »Kumbh Melas« beginnen sie ihre selbst auferlegten Prüfungen. Und sie beenden sie hier. So rechnen sie nur in Dreiersprüngen. Die »Kumbh Mela« ist ihre Zeiteinheit. Für Fremde ist sie eine gigantische Freakshow.

Irgendwo mittendrin steht Kadeshwari Baba Rajandra Puri: vierundzwanzig Jahre alt, mit zehn Jahren von zu Hause weggelaufen und nie wieder zurückgekehrt, Sohn einer Mutter, die ehrfürchtig seine Füße küsst, wenn sie ihn sehen darf, ein *Naga*

Baba der Juna *Akhara*, von indischen Journalisten als »Hell's Angels unter den Sadhus« bezeichnet. Streitbar sind sie, launisch. Es gibt Menschen, die glauben, dass *Nagas* mit ihren Blicken töten können. Ihre heilige Waffe immer griffbereit: der Dreizack, Shivas Werkzeug zur Vernichtung des Bösen, spirituelle Antenne der Heiligen, Relikt aus Zeiten, als sich Gewaltlosigkeit bei den Heiligen Indiens noch nicht durchgesetzt hatte. Die meisten halten sich fern von ihnen. Es gibt immer Probleme mit den *Nagas*. Das sind sie ihrem Ruf schuldig.

Dann gibt es plötzlich Gemurre unter den *Nagas*. »Schmeißt die Frau raus.« Haartürme erzittern, ein Fernseher plärrt an gegen den Lärm des Regens auf dem Wellblechdach und das Gekeife der Heiligen. Sie mögen den Steher nicht. Hat erst an der Weisheit genippt und gibt schon Interviews. Noch weniger mögen sie seinen Gast. Eine Frau hat nichts verloren im Quartier der *Nagas*. Sie raubt Kräfte, beschmutzt. Verbotener Besuch. Er fügt sich. »Me small Baba«, sagt Kadeshwari Baba Rajandra Puri, geht zur Tür. Er sieht verstörend normal aus ohne seine Schaukel.

Draußen schüttet es. Kadeshwari Baba Rajandra Puris *Chela* muss erst einen Schirm organisieren. Er ist sein Diener, sein Anhänger. Sie sind die Groupies der *Babas*, ihre freiwilligen Sklaven. Dann verlangt der Heilige ein Ausweichquartier für weitere Gespräche. »Es ist schwierig mit den anderen *Babas*. Lauter Verrückte«, sagt er. Als Treffpunkt wird der Elefant am Fuß des Berges vereinbart, am Morgen des nächsten Tages. Auf den Feldern rundherum haben sich die Bauern Plastiksäcke über die Körper geworfen, sie sehen aus wie Müllsäcke inmitten der grünen Felder Maharashtras.

Es ist die schlimmste Zeit für Kadeshwari Baba Rajandra Puri. In der Regenzeit fangen seine Beine an zu leben. Mit der Feuchtigkeit machen sich Insekten in seinen Waden breit. Und mit den Insekten die Schmerzen. Er kann spüren, wie sie heranwachsen, in ihm herumkriechen, monatelang. Er erträgt ihre Bewegungen in seinem Körper. Schuhe hat er keine. »So sind die Regeln«, sagt er.

Als gäbe es Regeln. Niemand kennt die Zahl der Heiligen Indiens. Niemand kennt die Zahl der Wege. Erlaubt ist alles. Die einen stehen zwölf Jahre, andere heben ihren linken Arm so lange, bis er am lebendigen Leib verdorrt. Es gibt Heilige mit Schweigegelübden, andere, die Gott beschimpfen. Es gibt Fleischesser und jene, die nur Milch trinken. Es gibt *Mahants*, fett wie Buddhastatuen, die sich im Reichtum suhlen. Andere, halb verhungert, die wie Bettler leben. Es gibt Feuer-Prüfungen in der Hitze des Sommers. Es gibt Asketen, nackt im ewigen Eis des Himalaya. Die einen lehren Sanskrit, andere sind nie in einer Schule gewesen. Die einen verehren das Feuer, die anderen einen der dreißig Millionen *Lingams* dieses Landes – Symbole für Shivas erigierten Phallus, Zeichen göttlicher Fruchtbarkeit. Sie kleiden sich in Säcke, in Asche, in edelste Seide. Es gibt Heilige, die mit Keuschheitsgürteln herumrennen, andere, die aus Menschenschädeln trinken. Manche setzen sich in ein Loch und hören auf zu atmen, wenn sie ihren menschlichen Körper verlassen.

Unzählig sind die Wege zu Gott. Unzählig sind die Götter: Shiva, Vishnu, Brahma, Lakshmi, Kali, Rama, Parvati – und wie sie alle heißen. Sie haben Unzählige von ihnen in diesem Land. Jeder Gott hat seine Heiligen. Und jeder Heilige seine Anhänger. Die Besuchszeiten bei Kadeshwari Baba Rajandra Puri in Omkareshwar sind jeweils Sonntag und Montag von sieben bis zehn Uhr. Dann kommen die Menschen, knien vor ihm nieder, berühren mit beiden Händen seine Füße. Er hebt die Hand, immer wieder, stundenlang, tagelang. *Babas* Arbeit – er segnet.

Es war eine Ohrfeige des Vaters, die ihn aus dem Haus jagte. Zehn Jahre alt war er damals. Dann beschloss er, Heiliger zu werden. Am 8. Februar 1989, um halb Acht morgens, verließ er sein Elternhaus und begann sein zweites Leben, siebenhundert Kilometer weiter östlich. Dort fand er seinen *Guru*, der ihm einen neuen Namen gab und ein *Mantra* ins Ohr flüsterte. Unaussprechbares Geheimnis. Der Rest ist vergessen. Kein Heiliger erinnert sich an die Eltern, sie sind Fremde, so sind die Regeln: »Sie werden sterben, und ich werde es nicht wissen. Es ist wie beim Autofahren. Wenn ich im schnellsten Gang fahre, wie kann ich dann in den zweiten Gang zurückschalten?«

Die Menschen, die zu ihm kommen, wissen nur, dass er Übermenschliches vollbringt. Also lassen sie sich von ihm segnen und *Prasad* reichen, heilige Speisen, Zucker mit Nüssen. Sie erzählen von ihren Sorgen, damit Kadeshwari Baba Rajandra Puri sie beseitigt. Dafür spendet man ein wenig. So läuft das Geschäft. Seit Jahrtausenden.

Die Inder lieben ihre *Babas*. Sie füttern sie, verehren sie, beschwatzen sie mit ihren Sorgen. Und sie beschimpfen die, an die sie nicht glauben. Es ist ein ewiger Streit um echte und falsche Heilige. Selbst untereinander zanken sie. Kadeshwari Baba Rajandra Puri lästert über die falschen *Babas*, die Frauen haben, Alkohol trinken und Fleisch essen.

Und für einen wie Mahant Baba Gyandas, großer Führer und Heiliger einer anderen *Akhara*, ist Kadeshwari Baba Rajandra Puri einer, der noch nicht weit vorangekommen ist auf seiner Suche: »Stehende Babas sind wie Kinder, die nicht zur Schule gehen wollen. Es ist kein sehr kluger Weg zur Selbsterkenntnis. Wenn, dann muss man diese Prüfung für sich bestehen, ohne Publikum.« Sagt Mahant Baba Gyandas. Er ist ein ehrwürdiger Mann, »nahe daran, sich selber zu finden«, wie er sagt. Woher er das weiß? »Es ist ganz einfach. Wenn eine Schüssel leer ist, erkennt man das am Klang.«

Treffpunkt Elefant. Es ist früh am Morgen, *Naga Babas* stehen herum, frisch mit Asche beschmiert. Kadeshwari Baba Rajandra Puri schaut das Auto an, einen VW-Bus. Er schiebt die Tür auf und stellt sich hinein. Nach vorne gebeugt, den Rücken an der Decke, den Kopf zwischen Fahrer und Beifahrer. Seine Ketten klimpern bei jeder Kurve. Die Fahrt dauert eine halbe Stunde. »Zugfahren ist besser«, sagt er, als er aussteigt.

Im fremden Zimmer sucht er sofort einen Balken. Daran hängt er sein Leben. *Julla* nennt sich das, was aussieht wie eine Schaukel. In eine Schlaufe darunter hängt er abwechselnd einen seiner Füße. Zur Entspannung. Shivas Meditationen, heißt es, überdauerten Epochen. Seine dauern Minuten. Lieber redet er von seinem Körper aus Schmerzen, erzählt von Tagen im Dezember 2000, als Eiter aus seinen Lenden floss. Dann zeigt er das Fotoalbum, wie er mit seinem Geschlechtsteil Autos zieht, Jeeps, Ambassadors – *Lingam Yoga*. »Sie haben mir das Geld zu Füßen geworfen.« Später sagt er, dass er nach dem ersten Mal monatelang geblutet habe. »Nur nach dem ersten Mal. Die

Kraft habe ich, weil ich nie eine Frau hatte. Ich bin auch der Einzige, der sechs Jahre stehen kann.«

Das stimmt nicht ganz. Unten, am heiligen Fluss, steht Kadeshwari Mauni Baba. Seit zwölf Jahren. Niemand weiß, seit wann er nicht mehr spricht, seit wann er sich von Milch ernährt. Niemand kennt seinen wahren Namen, sein Alter, seinen Geburtsort, seine Gründe. Heiliger Mann. In weißes Leinen gewickelt, das Gesicht bemalt mit einer prächtigen *Tilak*. Gelbe Stirn, in der Mitte ein roter Strich – das dritte Auge. »Ich habe noch nie einen Baba gesehen, der so hart arbeitet«, sagt der Milchmann von gegenüber. Mauni Baba steht da, bewegungslos, sprachlos. Seine Seele scheint anderswo beschäftigt zu sein.

Manchmal sieht man seine Zähne. Tonloses Lächeln. Nur dann erkennt man, dass er ein menschliches Wesen ist. Wenn er genug hat, schickt er die Pilger weg, mit einem Zischen. Vertreibt sie aus seiner Welt. Zwei mal zwei Meter, eine Matte, eine Schlaufe zum Reinhängen, ein Feuer, ein kleiner Schrein, sein tragbarer Tempel. Wenn er jemanden mag, bietet er Tee an, einen Joint. Sein Leben hat er in Tüten gepackt. Eine ist voller Streichhölzer. In einer anderen ist Salbe gegen die Schmerzen. In der dritten ein Brief. Die Tüten liegen neben seinen Füßen. Dicken, aufgedunsenen, juckenden Füßen. Menschen knien nieder, drängen ihre Kinder zu ihm, wollen diese Füße küssen. »Fasst ihn nicht an«, sagt sein *Chela*, sein Sprachrohr. Mauni Baba schwankt ein wenig. Es ist Abend. »Wir schließen jetzt«, sagt sein Diener. Auch ihn wird Mauni Baba wegschicken. Irgendwann, mit einer Handbewegung.

Kadeshwari Baba Rajandra Puri hört sich das an. Sehen will er ihn nicht – den anderen. Es gibt viele Wege und keine Verlierer auf der Suche nach Erleuchtung. Man kann nur stecken bleiben auf halber Strecke. Aber ob sie als Schauspieler, Heilige oder Scharlatane sterben: Man wird ihre Leiber, mit Steinen beschwert, in der Mitte heiliger Flüsse versenken. Manchmal tauchen sie wieder auf. Aufgeschwemmte, heilige Hülsen.

Nachsatz

Die meisten Reportagen in diesem Band sind auf der »Seite Drei« der *Süddeutschen Zeitung* erschienen, der Text »Tod am Ganges« in *GEO*. Für dieses Buch wurden alle Texte aktualisiert und überarbeitet.